MADAME
DE SOMMERVILLE

IMPRIMERIE DE HENRI DUPUY,
Rue de la Monnaie, n. 44.

MADAME
DE SOMMERVILLE

PAR

M. JULES SANDEAU.

. . . . Quoniam dilexit multum.

PARIS
HENRI DUPUY, IMPRIMEUR-EDITEUR,
RUE DE LA MONNAIE, 11.

1834

A

M. Emile Regnault.

MADAME DE SOMMERVILLE.

Saint-Léonard est une pauvre ville en pays Marchois. Si vous faites jamais un voyage aux rives de la Creuse, prenez à l'entrée du faubourg le sentier qui se sépare de la grande route : vous le trouverez, au printemps, semé de violettes et bordé de troènes en fleurs. Vous aurez d'un côté la montagne couverte de genêts dorés, et de l'autre la Creuse qui vous semblera de loin un large ruban jeté sur la plaine. Ce pays vous plaira ; il est pauvre, mais pittoresque : vous aimerez le bruit de ses torrens et le calme de ses petits lacs, perdus au milieu des bruyères. Après deux heures de marche, vous arriverez à Anzème : c'est un misérable hameau, tapi sous une masse de chênes et de châtaigniers, comme un nid d'oiseau dans un buisson. Ses rustiques habitations communiquent entre elles par des *traînes* bordées d'aubépine et de sureau. Ces rues de feuillages et de fleurs enferment comme les quartiers d'une ville les enclos cultivés, où le vieux buis croît à côté de la ruche d'abeilles. Les carrés de légumes, symétriquement encadrés dans des bordures de thym, laissent encore place à des roses de Provins qui s'enfoncent dans la haie comme pour regarder en dehors et brillent parmi la verdure. Le chaume des maisons est lui-même devenu parterre et nourrit des familles de giroflées jaunes, des guirlandes de houblon et des tapis de lierre, et jusque sur les marges du chemin serpentent des liserons de neige qui se mirent dans l'eau courante, échappée aux mille veines de la colline. Si vous suivez le cours de la Creuse, au sortir du village, vous aurez, en face du moulin qui s'élève élégant et fier sur la rive opposée, avec sa façade neuve, ses nombreux étages et son toit ardoisé, la garenne au fond de laquelle, humble et mélancolique, se cache le château seigneurial.

Par une soirée d'automne, deux jeunes gens étaient assis sur la terrasse du château d'Anzème. La soirée était belle : les étoiles brillaient au ciel, et la lune montrait son pâle visage à travers le rideau de peupliers qui borde la Creuse. Tout dormait au village; le silence de la nuit n'était troublé que par le bruit de l'eau qui se fâchait avec les cailloux de son lit, et par les aboiemens des chiens qui hurlaient à de longs intervalles. Les deux jeunes gens étaient tristes et recueillis.

— C'est une étrange destinée, dit enfin le plus âgé en se levant, et en prenant le bras de son jeune ami, que celle qui nous réunit dans ces lieux que tant de fois, sous les arbres de notre collége, nous nous étions promis de visiter ensemble. Cette destinée, je voudrais la dire heureuse : mais trop de jours ont passé sur les rêves de notre jeune âge, la vie est mauvaise pour tous. Pourquoi donc m'avoir demandé le récit de la mienne? Vous autres, pour qui l'existence fut long-temps revêtue de rians et beaux aspects, vous donnez à vos premières douleurs je ne sais quelle importance qui vous rend à vos yeux le centre de toutes choses : vous prétendez alors être seuls à souffrir ce que tous ont souffert avant vous, et à voir la vanité du malheur qui vous enivre, on dirait que votre ame, en se brisant, a dérangé l'harmonie du monde. Moi, pour qui la vie n'eut jamais de caresses ni de sourires, j'ai compris de bonne heure la valeur réelle d'une ame solitaire et froissée dans l'immensité des êtres, et je sais pratiquer mieux que vous l'humilité de la douleur. Aussi en face de cette nuit dont le recueillement semble promettre à mon récit une solennité épique qui sied mal à sa vulgarité, n'est-ce pas sans effroi que je vais vous confier le secret de ma misérable jeunesse; et peut-être le garderais-je enfermé dans mon cœur, si cette histoire ne devait vous offrir de grands enseignemens de force et de résignation. — Venez, ajouta-t-il, en entraînant son ami vers le perron du château ; cette demeure est inhabitée, ceux qui la peuplaient de gracieuses images ne sont plus ; le monde les posséda sans les connaître, et moi qui les ai connus, je reste ici-bas à les pleurer.

Tous les deux allèrent s'asseoir sur l'une des marches du perron. Le jeune homme resta long-temps plongé dans l'amertume de ses souvenirs ; il parcourut long-temps de son triste regard la solitude des lieux qui l'entouraient ; puis il commença d'une voix émue le récit suivant.

I

J'avais vingt-cinq ans, lorsque la mort de mon père me laissa possesseur d'une fortune médiocre et d'un trésor inappréciable ; ce trésor était ma sœur qui comptait quinze ans à peine : notre mère était morte en lui donnant le jour. Près d'expirer, mon père appela ses deux enfans à son chevet ; il prit nos mains dans les siennes, et après m'avoir confié solennellement le bonheur de sa fille, il nous fit jurer de nous aimer et de vivre unis. Ma sœur et moi, nous nous jetâmes dans les bras l'un de l'autre; notre père nous bénit et mourut. C'est de cet instant qu'a commencé ma vie : auparavant, je n'étais guère qu'un enfant. En me créant un devoir, la mort de mon père me fit homme. Ce devoir, je l'acceptai avec amour et avec orgueil ; je délaissai les projets ambitieux qui m'avaient long-temps souri : je ne voulus point soumettre aux chances de leurs succès l'avenir d'une tête si chère, et je lui sacrifiai avec transport les rêves de ma jeunesse.

Peut-être ne savez-vous pas tout ce que le ciel a mis de tendresse et d'amour dans le cœur de deux pauvres enfans qui n'ont, après Dieu, d'autre appui ni d'autre famille qu'eux-mêmes? Peut-être ignorez-vous tout ce qu'il y a de bonheur dans cette union sainte et fraternelle? Je ne crois pas que deux amans puissent, loin du monde, dans un élysée de leur choix, vivre des jours plus enchantés que ceux que j'ai vécus avec ma jeune sœur ; nous étions deux amans, moins l'amour. Il y avait dans son affection pour moi toute la naïve expansion de son âge; et dans ma tendresse pour elle, un sentiment de protection qui donnait à mon existence une grande solennité : je compris dès lors que la poésie de la vie était dans l'accomplissement d'un devoir.

On nous voyait rarement à Saint-Léonard : Nancy préférait le séjour de notre petite propriété que je faisais valoir, et dont le revenu suffisait à nos besoins : nous y vivions seuls et retirés avec la nourrice de ma sœur. L'hiver, qui est fort rigoureux en ces contrées, ne nous a jamais exilés à la ville. A moins que je n'y fusse appelé pas les intérêts de notre modeste fortune, je ne m'y rendais guère que le dimanche pour accompagner Nancy à la messe : encore préférions-nous aller l'entendre à l'église d'Anzème, lorsque le temps était beau, et que les sentiers nous permettaient d'atteler la carriole.

Nous partions le matin, aussitôt que le vent nous apportait le premier son des cloches, et le soir nous ramenait toujours à la *Baraque* : c'est ainsi que ma sœur appelait notre maisonnette. Vous pourriez voir d'ici sa façade blanche et ses volets verts, si la lune ne projetait sur elle les grandes ombres des chênes qui la dominent. La Creuse coule à ses pieds sous un berceau d'aulnes et de trembles, et les bois du côteau la protègent contre les bises de décembre et contre les ardeurs de l'été.

C'est là où nous avons vécu des jours d'une vie bien heureuse ; le monde n'excitait point nos regrets ; nous nous étions l'un à l'autre un monde toujours aimable. Notre existence coulait paisible comme les eaux de notre rivière, mais jamais aucun nuage n'en altérait la limpidité. Pauvres à la ville, nous étions riches aux champs et nous faisions du bien aux pauvres de notre village ; ils nous le rendaient en bénédictions, et Dieu les exauçait toutes, car chaque jour donnait à ma sœur une grâce nouvelle, une vertu de plus. C'était bien un ange du Seigneur ; les vieilles femmes du pays l'appelaient leur fille et lui baisaient les mains ; et lorsqu'elle traversait le hameau, un murmure d'admiration naïve s'élevait sur ses pas. Sa présence consolait les douleurs et doublait la joie de tous ; les mourans croyaient à la vie lorsqu'elle allait s'asseoir à leur chevet ; et il n'était point d'heureuse fête, si je n'ouvrais le bal avec elle dans la grange ou sous les ormeaux. Notre bonheur nous rappelait ces deux enfans de l'Ile-de-France, dont nous avions lu les chastes amours et la touchante destinée ; mais plus heureux que nous, chacun d'eux avait une mère, et nous pleurions souvent la nôtre.

Je crois fermement qu'entre les choses qui exercent le plus d'influence sur notre vie tout entière, l'une est le premier livre que le hasard nous offre, l'autre, la première femme que le ciel ou l'enfer nous envoie. Toujours est-il vrai que la lecture de *Paul et Virginie* décida de nos goûts, et que la direction de nos idées fut soumise à l'impression que notre ame en reçut. Nous nous étions fait un ami de ce livre, et nous nous plaisions à établir de tendres et de mystérieux rapports entre ses héros et nous ; l'histoire de leur enfance était celle de notre jeunesse ; seulement, lorsque seuls sous la châteigneraie, avec ce livre bien-aimé, nous arrivions au moment où Virginie va quitter son jeune ami pour aller chercher la fortune en France, nous nous promettions de ne nous quitter jamais.

Nous ne connaissions point l'ennui, ni ces vagues aspirations qui fatiguent l'ame, ni ces rêveries oisives qui l'énervent et la frappent de stérilité, ni ces faux besoins qu'elle ne trouve jamais à satisfaire ; chaque jour amenait ses travaux et chaque saison ses plaisirs. Notre vie était pure et religieuse. Je dis religieuse, car elle était pleine de la pensée de Dieu : c'était vers lui que notre ame s'élevait sans cesse, c'était lui qu'elle bénissait et qu'elle glorifiait à chaque instant, dans la contemplation de nos félicités. C'était aussi une vie pure. Dans le monde, il est bien rare ou bien difficile d'atteindre au terme de la journée sans avoir à déplorer quelque accroc fait à sa conscience : on se salit malgré soi au contact des hommes. Mais dans la vie dont je vous parle, nous étions seuls avec Dieu et nous-mêmes ; dans cette vie, les idées s'agrandissent ; le cœur se sanctifie, le jour passe, et le soir on s'endort dans la paix et dans l'innocence de son ame.

Je dois vous dire aussi que notre solitude n'était point sans quelque élégance ; jeune, j'avais cultivé les lettres et les arts ; lorsque la mort de mon père m'appela à des occupations plus graves, je ne délaissai point entièrement les premières, et j'élevai ma sœur dans l'amour de leurs saintes études. C'était un grand charme pour moi, durant les longues soirées d'hiver, de l'initier à mes admirations, et de la trouver accessible à toutes les nobles et grandes idées; nous aimions les vieux livres, nous aimions les romans honnêtes ; les peintures du monde que nous offraient leurs pages nous rendaient notre solitude plus chère, et les orageuses amours de leurs héros nous faisaient apprécier le calme de notre union. — Le bonheur est sous nos chênes, disions-nous, il est dans nos vallées, et sur le flanc de nos côteaux, et sur les rives de la Creuse.—Et nous nous plaisions à répéter les vers du poëte qui nous a dit la virginité de ses eaux en vers aussi limpides qu'elles. Nous aimions la poésie : son langage sied aux ames heureuses, comme le parfum des fleurs et le bruit du vent dans les bois.

Je vous ai dit qu'on nous chérissait au village : c'est que nous ne faisions point comme le riche qui vient aux champs respirer la verdure, et qui les délaisse pour la ville aux premières bises de l'hiver. L'homme des champs les aime peu, ceux-là : mais, dans la simplicité de son cœur, il sait gré à ceux qui partagent ses mauvais jours et qui ne se dérobent point aux glaces ni aux frimas. Au reste, rien n'est beau, rien n'est grand et mélancolique comme un hiver passé à la campagne : la nature a mille secrets de végétation dont elle se pare alors avec coquetterie ; lorsque les monts, couverts de neige, étincellent au soleil, on les dirait plaqués d'argent; les bois ont un aspect magique, soit que le brouillard les enveloppe, soit que le givre pende en grappes brillantes à leurs branches ; la fumée bleuâtre des toits s'élève tristement à travers les chênes blancs ; tout est grave et silencieux : les corbeaux volent lourdement dans la plaine, et le rouge-gorge vient, comme un hôte, frapper du bec et des ailes aux vitres. La nuit est plus solennelle, le vent gémit aux portes, les arbres craquent, les loups hurlent au loin, et la neige crie, dans le sentier, sous les pas du paysan attardé. Mais, hélas ! mes beaux jours ont passé; la nature a perdu les charmes qui l'embellissaient, et soit que l'hiver étende sur nos campagnes son manteau de neige, soit que nos arbres déplissent leurs feuilles au souffle du printemps, soit que l'automne nuance à l'infini les teintes de nos bois et de nos monts, ces lieux sont désormais mornes et désolés pour moi.

Il y avait dix-huit mois que nous vivions ainsi, lorsque Nancy devint triste; je la voyais dans le même jour, souvent dans la même heure, absorbée par une sombre mélancolie et emportée par une gaieté bruyante, passant brusquement de la tristesse à la joie, tour à tour impérieuse et soumise, se dérobant à mes caresses et venant pleurer dans mon sein. Ce fut à cette époque que le hasard me lia avec le jeune Albert.

Peut-être, en venant de Saint-Léonard à Anzème, avez-vous remarqué, entre la ville et le village, une maison solitaire donnant sur le sentier, et adossée à la montagne; c'est là que demeurait Albert, jeune homme sans famille et sans nom, élevé par les soins d'un homme austère et grave qui n'était pas son

père : cet homme se nommait Saint-Estève.
M. Saint-Estève, médecin à Saint-Léonard, s'était retiré, jeune encore, dans la maison du sentier, avec un enfant nouveau-né qu'il éleva loin de la ville : cet enfant était Albert. Quel était-il et d'où venait-il ? On en parla longtemps dans le pays, puis on n'en parla plus. M. Saint-Estève fut impénétrable pour tous et pour Albert lui-même ; lorsqu'il mourut, laissant à son fils adoptif la maison du sentier et douze cents francs de rente, tout son avoir sous le ciel, le jeune homme ne put obtenir de lui le moindre éclaircissement sur sa naissance, et le vieillard emporta son secret au tombeau. Albert se rappelait seulement que, par une nuit obscure, il avait été conduit, tout enfant, vers une femme, jeune et belle, qui l'avait couvert de baisers et de larmes : c'étaient là tous ses souvenirs de famille. On pensa généralement, et l'on pense encore à la ville, qu'il était fils naturel de la sœur de M. Saint-Estève, qui disparut de Saint-Léonard, aus-

sitôt l'apparition d'Albert, et que le pays ne revit plus jamais.

Albert avait dix-sept ans lorsque je le connus; M. Saint-Estève vivait encore. Je connus Albert et je l'aimai. Ce n'est pas que le ciel eût mis de grandes sympathies entre sa nature et la mienne; mais j'aimais en lui les grâces de la jeunesse qui n'étaient plus en moi. Il m'apparaissait comme le rêve charmant de mes poétiques années, et je me sentais attiré vers lui par un charme irrésistible. Je ne crois pas qu'aucun jeune homme ait jamais réuni avec plus de bonheur toutes les séductions de son âge; esprit vif et cœur ardent que dévorait incessamment l'amour du bien et du beau; gaieté naïve et mélancolie douce; nature à la fois active et rêveuse, enthousiaste et craintive, joyeuse confiance dans l'avenir, chaleureuses expansions de l'ame, illusions enchantées, il y avait en lui tous les trésors de la jeunesse. A l'extérieur, c'était un enfant délicat et frêle, brusque et timide, remarquable par l'éclat de ses yeux, la blancheur de son teint, et la mobilité de sa physionomie qui rendait admirablement toutes les sensations de son ame. Les femmes de Saint-Léonard le trouvaient laid, et le détestaient assez généralement. Il est vrai que c'était un garçon peu galant près de ces dames, et que leur aspect seul le faisait fuir comme un chat sauvage. Au pays, il passait pour *original*. Cette dénomination est encore une flétrissure, qu'infligent sans pitié les habitans de nos petites villes à tout être que Dieu, dans sa miséricorde, n'a point créé à leur image.

Notre intimité fut rapide. Albert, qui n'avait encore trouvé que M. Saint-Estève à aimer, m'aima bientôt d'une passion véritable. Je trouvai même dans l'affection de ce jeune homme quelque chose de trop féminin qui m'embarrassait parfois. Je l'eusse désirée plus calme et plus austère. Je craignais aussi qu'il ne s'abusât sur la nature de mon amitié pour lui, et que, la trouvant plus recueillie que la sienne, il ne la crût moins sûre et moins réelle. A dix-sept ans, à l'âge qu'avait Albert alors, l'amitié et l'amour ne sont que de tendres épanchemens de l'ame; l'expérience des faits n'est comptée pour rien, et qui dit le plus ou le mieux semble toujours le plus aimant.

La veille du jour où je connus Albert, j'avais conduit Nancy à la ville, chez une amie de notre mère. J'espérais qu'elle y trouverait des distractions aux vagues inquiétudes que lui jetaient la solitude, le printemps et la jeunesse. Elle passa le mois d'avril à Saint-Léonard, et ce fut durant son absence que je me liai avec mon jeune ami. Tous les matins il venait, en chassant, à la Baraque, et le soir, pour aller voir Nancy, je prenais par Anzème, et ne laissais Albert qu'à la maison du sentier. Malgré le vif désir qu'il prétendît avoir de connaître ma sœur, j'essayai vainement de l'entraîner avec moi à la ville, et je ne pus jamais l'attirer au-delà des premiers peupliers de l'allée qui conduit au faubourg.

— Vous êtes heureux, me dit-il un soir qu'il

m'avait accompagné jusqu'à ses dernières limites ; vous êtes heureux, Maxime, vous avez une sœur, et vous vous aimez. Allez, ami, la serrer dans vos bras ; je ne suis point jaloux de vos félicités, et croyez que mon cœur les partage bien vivement ; mais l'aspect de votre bonheur me ferait cruellement sentir l'isolement où j'ai toujours vécu ; généreux que vous êtes, vous le sentiriez aussi, et ma présence gênerait les transports de votre tendresse.

A ces mots, il s'éloigna, après m'avoir pressé la main, et depuis, je n'osai plus lui parler de ma sœur.

M. Saint-Estève étant tombé malade, je restai plusieurs jours sans voir Albert. Un matin, il profita du repos de son père adoptif pour accourir à la Baraque. C'était le premier jour de mai : notre village était embaumé d'aubépine, les paysans avaient planté devant notre porte un arbre couronné de fleurs, et les oiseaux chantaient dans ses branches. Précédé de ses deux chiens, le fusil sur l'épaule, Albert entra brusquement dans notre maisonnette, et se précipita dans le salon, espérant m'y trouver, et me sauter au cou : il ne m'y trouva point ; mais, au fond du salon, en face de la porte, une jeune fille était assise, vêtue d'une robe blanche, et lisait : son front était penché, et ses longs cheveux blonds tombaient en désordre sur son cou et sur ses yeux. Des fleurs moins fraîches qu'elle l'environnaient de leurs parfums, et son grand levrier blanc, avec un collier de perles bleues, reposait à ses pieds. A l'apparition d'Albert, Nancy se leva en rougissant, et lui, plus rouge qu'elle, plus rouge que les roses de Provins qui montraient leur visage écarlate dans la haie de notre verger, il s'arrêta devant elle à la contempler, muet, immobile et comme frappé par la baguette des fées. Cependant les deux chiens d'Albert faisaient un vacarme horrible, et le levrier, qui s'était levé en même temps que sa jeune maîtresse, se tenait entre elle et le jeune homme; le poil hérissé, les jarrets tendus, les yeux étincelans, et montrant à ses deux adversaires ses dents blanches et acérées. J'arrivai heureusement pour mettre fin à cette scène étrange, et je jouai le rôle de la Fatalité des anciens, qui ne manquait jamais d'intervenir, au moment le plus inextricable de la péripétie.

Albert oublia qu'il n'était venu que pour une heure à peine, et la journée se passa dans une douce intimité. Nous prîmes nos repas sur le bord de la rivière, et nous dansâmes, avec nos paysans, la *bourrée* sous les ormeaux. Sur le tard, Nancy voulut montrer à Albert les curiosités du village. Nous visitâmes ensemble l'église gothique avec son auvent de tuiles moussues, la croix de bois jetée sur le bord du sentier, et la fontaine, dont l'eau guérissait les malades et préservait de la fièvre. Il y avait une chronique sur cette source merveilleuse que protégeait une madone de pierre blanche, parée de plaques de verre, de rubans fanés et de fleurs desséchées ; Nancy conta la chronique avec foi ; elle se signa devant la madone.

Puis, lorsque le soleil se fut caché derrière les montagnes de la Creuse, nous prîmes le chemin d'Anzème. Le ciel était pur, les sentiers parfumés; le rossignol chantait dans la haie, et les insectes ailés bourdonnaient dans l'air de la nuit. Nos chiens jouaient autour de nous, et nous allions lentement, parlant de choses et d'autres : une conversation rieuse, amicale, mélancolique, brisée; on s'aimait, on se connaissait depuis dix ans, on devait se revoir tous les jours. Nous arrivâmes ainsi jusqu'à Anzème, et Albert nous entraîna sur cette terrasse qui s'étend devant nous; le château, comme aujourd'hui, était alors inhabité.

— Contemplez, nous dit Albert, ces tourelles noircies et délabrées qui laissent pendre des touffes de violiers et de pariétaires, cette façade lézardée qui porte encore au front l'écusson féodal, cette girouette fleurdelisée qui crie sur la chapelle dégénérée en colombier; voyez ces volets brisés que bat le vent, ces fossés où poussent les ronces, les pierres disjointes de ce perron, entre lesquelles croissent de longues herbes. C'est de la poésie qui s'en va comme toute poésie en France. Il faut se hâter d'en jouir avant que le temps et l'industrie en aient enlevé jusqu'aux derniers vestiges.

J'aime ce vieux château, ajouta-t-il; cette habitation délaissée de ses maîtres me plaît; c'est là peut-être ce qui m'a toujours attiré vers elle. Son aspect silencieux a pour moi des charmes de rêverie que je ne saurais dire, et je trouve dans son abandon et dans celui où je me suis élevé, je ne sais quels rapports qui semblent établir entre nous de mystérieuses sympathies. Avant de vous connaître, ami, c'était le but accoutumé de mes promenades solitaires, et souvent encore je viens y rêver le soir. Vous, Mademoiselle, qui contez les chroniques avec tant de grâce, demanda-t-il à ma sœur, en souriant, n'auriez-vous pas quelque touchant récit à nous faire sur cette mélancolique demeure?

—L'histoire de ces lieux est récente, lui dis-je, et vous la connaissez sans doute. Aurélie de Sommerville disparut d'Anzème un an avant la mort de sa mère; les motifs de sa disparution restèrent toujours un mystère dans le pays, et les commentaires auxquels se livrèrent les habitans sur son départ ou sur sa fuite, furent si absurdes et si divers, qu'il est inutile d'en rapporter un seul. Mademoiselle de Sommerville pouvait avoir seize ans alors. La mère mourut chargée de la haine de tous...

— Mais assez malheureuse et assez délaissée, s'empressa d'ajouter Nancy, pour qu'après sa mort il lui fût pardonné bien des choses, ici-bas et là-haut.

— Depuis, bien des années se sont écoulées, repris-je, et ce château n'a pas revu la fille de ses anciens maîtres.

— Dieu veille sur elle! s'écria Nancy; on dit qu'elle était bonne pour les pauvres.

— Et les pauvres l'ont retrouvée, dit Albert, en contemplant la jeune fille avec amour.

Nancy baissa les yeux.

Je pressai la main d'Albert, et nous nous séparâmes; la nuit était froide, le vent fraîchissait, et je sentais le bras de ma sœur qui tremblait sur le mien.

II

Ce qui devait arriver arriva : ces deux jeunes gens se virent et s'aimèrent. Et moi, simple que j'étais, je n'avais rien prévu ! Imprudent, je n'avais pas compris que ces deux ames, offertes l'une à l'autre, s'abîmeraient dans le même amour, comme ces flammes inquiètes qui s'attirent et se confondent! Je voyais Nancy tressaillir et pâlir, à l'arrivée d'Albert; je la voyais triste et pensive, lorsqu'il s'éloignait le soir. Albert était près d'elle craintif et sans esprit; près de moi, distrait et rêveur. Son amitié n'était plus caressante, celle de ma sœur était moins tendre aussi. Je voyais tout et je ne comprenais rien. Je souffrais de la nature nouvelle de leur affection, et je ne l'expliquais pas, et je ne devinais pas que leurs cœurs échangeaient les richesses et l'activité qui ne trouvaient, auparavant, qu'à se répandre sur moi seul. Enfant! ô enfant que j'étais!

M. Saint-Estève était mort, et j'avais accepté avec joie la tutelle de son fils adoptif. Un soir Albert m'entraîna dans le sentier, et me dit:

—Je n'ai plus que vous au monde, je suis libre et j'aime votre sœur. Je n'ai point de nom à lui offrir, et ma fortune est moindre que la vôtre. Mais je l'aime et nous nous aimons. D'amis que nous sommes, voulez-vous que nous devenions frères?

Cette déclaration imprévue m'attéra.

—Vous vous aimez, lui dis-je sévèrement, et moi je l'ignorais ! Albert, vous avez mal agi.

— Oh ! mon ami, s'écria le jeune homme, nous l'ignorions aussi, et le jour où nous nous sommes dit que nous nous aimions, nous ne nous l'étions pas encore dit à nous-mêmes. Notre cœur le sentait et n'en convenait pas, et ce ne fut qu'hier que nous l'apprîmes tous les deux. Je ne sais comment cela se fit : un quart d'heure avant, j'étais assis près de votre sœur : je rencontrai sa main que j'osai presser à peine, et notre amour se révéla, sans qu'il nous fût venu à l'esprit de nous y livrer ou de nous en préserver. Maxime, pardonnez-moi.

Ces paroles me rassurèrent. Il était temps encore de porter remède au mal que je n'avais pas su prévoir.

— Vous vous aimez ! lui demandai-je ; et qu'espérez-vous à cette heure ?

— Nous donner du bonheur et mettre en commun nos bons et nos mauvais jours.

— En prose, vous voulez vous marier, lui dis-je en souriant.

— Nous le voulons, me répondit d'un air résolu cet homme de dix-sept ans.

Nous aperçûmes une robe flotter le long de la haie, et l'arrivée de Nancy nous força de nous interrompre. J'engageai Albert à retourner à Anzème, et je lui promis d'aller le lendemain lui porter ma réponse.

Je le laissai partir, et j'éloignai ma sœur; j'avais besoin de solitude et j'allai sur les rives de la Creuse réfléchir aux paroles d'Albert. Dussiez-vous m'accuser d'égoïsme, mes premières réflexions furent toutes de douleur et d'amertume. Vieux jeune homme, depuis longtemps guéri de cet état nerveux et maladif que vous nommez l'amour, j'avais trouvé le bonheur dans une affection plus paisible et plus sûre, et je n'avais jamais songé que ce bonheur dût m'échapper un jour. La révélation d'Albert me présenta la vie sous un nouvel aspect; elle me poussa rudement vers la réalité, et le voile de mes illusions dernières se déchira. Je compris alors que je n'étais pour ma sœur qu'un appui transitoire, et que la vie lui réservait des affections plus vives et des félicités plus douces que celles d'une union fraternelle ; je le compris, et je fus jaloux, et j'accusai la vie et ma sœur. Chère ombre, pardonnez-moi, je savais aussi les tourmens du nouvel avenir qui s'ouvrait devant vous, et pressentant l'orage qui devait vous briser, j'entrevoyais avec effroi le jour où votre destinée se détacherait de la mienne. Oh! pourquoi, jeune fleur, ma tendresse jalouse ne vous a-t-elle pas cachée sous l'ombre de nos bois! Pourquoi n'ai-je point laissé vos parfums s'exhaler dans la solitude? Pourquoi mon aveugle confiance vous a-t-elle livrée aux tempêtes du monde? Hélas! vous étiez trop frêle, votre éclat a pâli bien vite, et le premier souffle du malheur avait à peine glissé sur votre front que vous vous penchiez pour mourir.

Maxime s'interrompit, et demeura longtemps plongé dans la contemplation silencieuse d'une jeune et céleste image. Puis l'autre jeune homme ayant affectueusement appuyé sa main sur l'épaule de son ami, celui-ci reprit en ces mots le cours de son récit :

Lorsque j'eus étouffé l'impression douloureuse que j'avais reçue des paroles d'Albert, j'étudiai la conduite que j'avais à tenir dans les circonstances présentes, et je passai la nuit à me tracer la ligne de mes devoirs.

Je résolus d'abord de respecter le secret de Nancy et de ne point aller au-devant de ses confidences ; il y a dans le cœur d'une jeune fille, lorsqu'il s'ouvre à l'amour, tant de délicatesses imperceptibles à la grossière nature de l'homme, que la main seule d'une mère peut y toucher sans le flétrir. Au jour levant, je partis pour Anzême et j'allai trouver Albert ; la matinée fut employée à discuter divers intérêts, relatifs à la succession du défunt.

— Il est des intérêts plus chers, dit enfin l'impétueux jeune homme, en froissant avec impatience les titres et les parchemins ; puis il se tut brusquement, et me regarda avec anxiété.

— Je vous comprends, lui dis-je, écoutez-moi. Vous aimez ma sœur ; mais en êtes-vous sûr ? Avez-vous réfléchi sur la nature de vos sentimens pour elle, et jeune que vous êtes, n'êtes-vous pas emporté seulement par la fougue de vos désirs ? Ma sœur vous aime ; mais son amour est-il autre chose que ce vague besoin d'aimer que nous répandons, au matin de l'existence, sur tout ce qui nous entoure ? N'est-ce pas l'instinct d'un cœur qui s'éveille plutôt que la tendresse d'une ame réfléchie ? Enfans tous les deux, vous ne savez rien de la vie ; à votre âge, le cœur prend souvent pour l'amour l'inquiétude brûlante qui le cherche et l'appelle ; il se livre follement ; mais l'erreur est rapide, le désenchantement suit et la douleur est éternelle. Je crois cependant, oui, je le crois, Albert, que le bonheur de ma sœur est en vous, et votre bonheur en elle; je crois vos ames dignes de s'unir, et je n'hésiterai point à vous confier un jour le trésor que j'ai reçu de mon père mourant, si vous en êtes digne encore. Mais ce trésor, enfant, il vous faudra le conquérir. Votre nature est belle et généreuse, vous êtes pur et ardent au bien ; mais vous n'avez encore ni lutté ni souffert. Ces élémens de grandeur que Dieu a mis en vous résisteront-ils aux assauts du monde? Les fleurs de votre printemps amèneront-elles leurs fruits? Aux prises avec la vie, sortirez-vous noble et sans tache de la lutte? Voyez, Albert; consultez vos forces : le combat vous est offert, et ma sœur en sera le prix.

— Parlez, s'écria-t-il; je suis prêt à subir toutes les épreuves.

— Bien, jeune homme. Les épreuves seront longues et rudes ; mais la victoire sera belle et glorieuse.

— Parlez donc, s'écria de nouveau Albert;

il n'y a que les médiocres courages qui marchandent le bonheur.

— O mon fils! lui dis-je, j'ai vu bien de jeunes courages entrer ainsi dans la carrière le front levé et l'humeur altière, et s'en retirer, au bout de quelques pas, humbles et la tête baissée. J'ai vu s'appauvrir de bien riches espérances, se flétrir bien de jeunes arbustes, chargés, comme vous, de bourgeons et de fleurs. Oh! vous vous êtes abusé, si vous avez cru la vertu facile; ses sentiers sont escarpés et glissans, et le pied le plus ferme y trébuche.

— L'amour de votre sœur me soutiendra, dit Albert.

— Allez donc vous soumettre au creuset de la vie! Que feriez-vous dans ces campagnes? Vous n'avez point pensé que je pusse livrer à l'inexpérience de votre âge la chère destinée de Nancy; partez, allez apprendre à Paris les hommes et les choses; embrassez une carrière, assurez votre avenir: celui de ma sœur en dépend. Le hasard peut vous ravir la fortune qu'il vous a donnée ; cherchez dans le travail et l'étude une existence moins précaire. Chaque automne vous ramènera près de nous : puis lorsque vous serez homme, si l'absence, le temps et la réflexion n'ont point éteint votre amour ni celui de ma sœur ; si vos cœurs, mûris par les années, s'entendent encore et se répondent, alors je les verrai sans effroi s'engager par des liens éternels.

Et comme Albert ne répondait pas :

— Votre courage faiblirait-il déjà ? lui dis-je, ou le prix de la lutte vous semble-t-il mériter moins d'efforts ?

— Je partirai, s'écria-t-il enfin d'une voix étouffée.

— L'automne s'achève, ajoutai-je aussitôt, nous touchons à novembre, et les cours à Paris vont s'ouvrir : médecin ou légiste, sous huit jours, il vous faudra partir.

— Je partirai sous huit jours, dit-il encore,

en essuyant les pleurs qui roulaient dans ses yeux.

— Viens donc dans mes bras, m'écriai-je en l'attirant vers moi. Que l'amour de Nancy te protège, qu'il soit ton ange gardien et qu'il te couvre de ses ailes! Si tu tiens tes promesses, je tiendrai mes sermens. Sèche donc tes pleurs, ô mon frère!

— Durant ces longues années, dit Albert, votre cœur me restera-t-il ami? Tandis que je lutterai contre le monde, ne lui obéirez-vous point, et vous rappelant que je suis sans famille, ne chercherez-vous pas une alliance plus glorieuse?

— Taisez-vous, lui dis-je, et croyez en moi; dans l'accomplissement de mes desseins le monde sera compté pour rien, et pour tout le bonheur de ma sœur et le vôtre. Si jamais je vous demandais compte de vos aïeux, répondez-moi par vos vertus.

Il fut décidé qu'Albert partirait au premier novembre pour aller suivre un cours de droit à Paris; je profitai du reste de son séjour à Anzème pour prendre connaissance de ses affaires que je devais régir, et pour lui donner quelques règles de conduite que m'avait enseignées l'expérience. Il fut convenu que Nancy ne serait instruite de nos projets que le jour même du départ. Ce jour arriva bien vite. La diligence devait prendre Albert, à neuf heures du soir, sur la route de Paris; à six heures nous étions réunis tous les trois dans le salon de la Baraque, et nous regardions brûler dans une méditation mélancolique les tisons enflammés du foyer; une lampe nous éclairait seule, et l'on n'entendait que le pétillement de la flamme et le sifflement de la bise qui faisait trembler les volets et claquer les tuiles du toit. Nancy ne savait rien encore; mais une triste appréhension pesait sur son ame, et son regard interrogeait avec angoisse la morne tristesse de notre visage. Le timbre de la pendule qui frappa sept coups nous tira brusquement, Albert et moi, de la rêverie où nous étions plongés ; nous nous levâmes tous les deux en silence ; Nancy se leva en même temps, pâle et tremblante, et nous demanda : Qu'avez-vous ?

Je me retirai dans l'embrasure d'une croisée, et j'entendis Albert qui lui dit : — Je pars, je vais à Paris travailler à mon avenir et au vôtre, et si vous me gardez votre foi, votre frère nous unira lorsque je vous aurai méritée.

A ces mots, Albert se couvrit la figure de ses mains et fondit en larmes. Nancy, tout éplorée, s'échappa du salon et se réfugia dans sa chambre. Je chargeai sa nourrice de veiller sur elle, et j'entraînai mon malheureux ami.

— Soyez fort, lui disais-je, acceptez la douleur avec reconnaissance. L'homme qui n'a pas souffert est un homme incomplet ; le bonheur l'énerve ; trempé dans la douleur, il en sort brillant comme l'acier. Vous êtes bien jeune pour souffrir, mais ce sont de nobles souffrances : fécondes en talens, fertiles en mérites, elles élèvent notre ame et la purifient. Ce sont des hôtes que Dieu n'envoie qu'aux fils de son amour et qui laissent toujours le germe de quelques vertus dans l'asile qu'ils ont habité.

Une fois hors du sentier, je le fis asseoir près de moi sur l'un des tas de pierres qui jalonnaient la marge du chemin, et là, enveloppés de nos manteaux, nous attendîmes la voiture. Albert était épuisé d'émotions, et se soutenait à peine.

— Je laisse mon cœur en ces lieux, dit-il en promenant son regard sur les côteaux brumeux que tant de fois nous avions parcourus ensemble.

— Et le nôtre vous suivra partout, lui dis-je en le pressant dans mes bras.

La voiture venait de s'arrêter devant nous, et le conducteur, appuyé sur la portière ouverte, attendait le jeune voyageur. Albert m'embrassa, et se jetant dans la rotonde, il abaissa le store et me tendit la main. Je la pris dans la mienne, et malgré la glaise qui s'attachait à mes pieds et rendait la marche pénible, j'allai ainsi, près de la voiture, jusqu'au haut de la colline : là, les chevaux partirent au galop, et le vent m'apporta le dernier adieu de mon ami.

Je m'en retournai triste, mais bien avec moi-même : j'avais préparé l'avenir de ma sœur et je venais d'éloigner les dangers qui menaçaient sa jeunesse et son inexpérience. Rentré à la Baraque, Nancy refusa de me recevoir ; le lendemain je la trouvai grave et silencieuse, et, durant plusieurs jours, il ne fut point question d'Albert entre nous.

III

Notre vie, long-temps ébranlée par ce choc imprévu, reprit enfin un calme apparent. J'amenai doucement ma sœur à me parler de son amour, et je lui soumis les dispositions que j'avais prises pour assurer son repos dans le présent et son bonheur dans l'avenir : elle approuva tout et me remercia avec effusion. Son humeur redevint égale et son cœur trouva dans les lettres que m'écrivait Albert une distraction aux regrets de l'absence. Nous parlions souvent de son jeune ami; sans encourager la passion de Nancy, je l'écoutais avec indulgence : je rassurais son ame inquiète, ou j'en modérais l'essor, renforçant tour à tour et adoucissant les teintes de la vie, selon que son imagination attristée la revêtait de sombres couleurs, ou qu'égarée par l'espérance elle la parait d'un éclat trop brillant. Je cherchais ainsi à la préserver de ces exagérations de sentiment qui nous poussent sans cesse hors de la réalité. C'est dans cette pensée que je n'avais point permis à ces deux jeunes gens de s'écrire durant les premières années de leur séparation. A leur âge, l'amour dans l'expression est toujours au-delà du vrai : à ses brûlantes promesses l'esprit s'exalte, la tête s'enflamme; et lorsqu'arrive le jour de leur réalisation, l'imagination reste froide, et pleure ses rêves enchantés.

Pour moi, j'aimais les lettres d'Albert ; je suivais dans leurs pages les développemens de sa raison, et j'y retrouvais à chaque ligne la candeur de son ame, la vivacité de son esprit et cette présomption naïve qui va si bien à la jeunesse.

Notre hiver se passa de la sorte; au printemps, la monotonie de cette contrée fut troublée par un événement qui arracha à l'étonnement du pays plus d'exclamations et d'épithètes qu'à madame de Sévigné le mariage d'une petite-fille de Henri IV avec un cadet de Gascogne. Il y eut explosion de surprise : la *nouvelle* occupa la veillée des laboureurs; les salons de Saint-Léonard se ruèrent avidement sur cette curée offerte à leur méchanceté, et l'activité de leur sottise, exclusivement absorbée, laissa reposer durant plusieurs mois ce qu'il y avait dans la ville d'ames droites et généreuses.

Cet événement fut le retour d'Aurélie de Sommerville au château d'Anzème. Elle l'avait quitté à seize ans, et dix-huit ans s'étaient

écoulés sans qu'on eût entendu parler d'elle.
Après dix-huit ans d'une existence errante et
agitée, elle revint seule et lasse de toutes choses
pour se reposer et s'éteindre dans le domaine
de ses ancêtres. On ne savait rien de sa destinée, et on l'appelait madame de Sommerville.
Son cœur dut se serrer, lorsqu'après tant de
mauvais jours, elle revit les lieux où elle avait
promené son enfance folâtre et sa jeunesse rêveuse, et que, brisée par les orages qu'elle avait
essuyés, elle retrouva, élancés et robustes,
les peupliers qu'elle avait laissés frêles et délicats comme elle. Étrangère dans ce pays où
la mort et l'oubli lui avaient enlevé les affections de son jeune âge, madame de Sommerville évita soigneusement toute relation avec
Saint-Léonard. Résolue à vivre seule, elle se
voua tout entière au bien-être de son village :
elle pensait que les châteaux étaient la providence des campagnes. A la ville, on l'accusait
d'orgueil, mais elle laissait dire; on la bénissait
dans les champs.

Un mois à peine avait passé depuis son retour, que je fus conduit vers elle par les intérêts d'Albert. L'intendant des domaines de madame de Sommerville, vieillard entêté et borné, élevait depuis long-temps des contestations sur une longue étendue de bruyères dont je réclamais la propriété pour mon pupille; je soumis d'abord mes prétentions au vieillard qui persista dans les siennes : alors, pour éviter un procès onéreux, je me décidai à recourir à madame de Sommerville elle-même, persuadé que son esprit éclairé m'accorderait bientôt justice et raison. Je ne m'y résignai, je l'avoue, qu'après de longues hésitations ; je craignais que, se méprenant sur les véritables motifs de ma visite, elle ne l'attribuât à la curiosité indiscrète dont la poursuivait le pays. Je partis donc par une matinée de mai, et j'arrivai bientôt à Anzème. Je traversai la garenne et je trouvai madame de Sommerville qui se promenait seule sur la terrasse du château. Elle ne m'était jamais apparue que de loin, à cheval, au travers des feuilles nouvelles. Je m'étonnai de la trouver et si belle et si jeune. Je m'avançai vers elle, et, après lui avoir décliné mon nom et mes qualités, je lui exposai succinctement l'affaire qui m'amenait à Anzème. Madame de Sommerville ne me laissa point achever.

— Monsieur, me dit-elle avec bonté, je suis heureuse de vous voir; votre nom ne m'est pas étranger, et j'ai gardé souvenir de votre famille. Je me rappelle que, tout enfant, vous accompagniez votre père au château; votre père avait la taille élevée, le front chauve, le regard sévère : c'était un homme d'une haute probité ; vous, Monsieur, vous étiez brun comme aujourd'ui, et vous aimiez à jouer avec moi sur l'herbe de la garenne. Vous l'avez oublié? C'est qu'il y a si long-temps ! Vous n'étiez qu'un enfant alors : à votre nom, mon cœur a tressailli, et il m'a semblé voir glisser devant moi l'ombre de mes jeunes années. Eh bien ! Monsieur, ajouta-t-elle presque aussitôt, plus heureux que moi, avez-vous conservé quelques-uns des vôtres? Le temps a-t-il épargné vos parens, vos amis? Sans doute ; vous voilà si jeune encore! Le temps, hélas ! n'a marché que pour moi !

— Madame, lui dis-je, il marche pour nous tous, et personne ne lui échappe ; il ne me reste qu'une sœur.

— Vous avez une sœur? demanda-t-elle vivement ; jeune?

— Oui, Madame.

— Belle aussi?

— Oui, Madame.

— Et vous vous aimez? Vous vivez aux champs, seuls, unis, heureux?

— Oui, Madame.

Elle demeura quelques instans pensive.

— Je ne croyais pas, me dit-elle, en passant son bras sur le mien, et en m'entraînant vers le perron, que cette misérable contrée recélât un couple aussi gracieux, un bonheur aussi suave. Je veux connaître votre sœur, je l'aimerai, je serai sa mère.—Frank, dit-elle à l'un de ses

4*

serviteurs, vous mettrez un couvert pour Monsieur.—Vous déjeunez au château, ajouta-t-elle, en s'adressant à moi. Quelle affaire avez-vous à me conter? Je vous donne raison d'avance.

Je lui fis part de mes réclamations en faveur d'Albert.

— Albert! s'écria-t-elle aussitôt, sans entendre la question de droit que je lui expliquais de mon mieux; qu'est-ce que cela, Albert?

Je lui contai la vie de ce jeune homme, mais sans parler de son amour pour Nancy. Madame de Sommerville m'écouta avec intérêt, et m'adressa plusieurs questions relatives à mon pupille.

— Il faut que ce vieil intendant ait achevé de perdre la raison! dit-elle enfin avec humeur. Frank, priez M. Hubert de passer au salon.

Nous étions à table, lorsque M. Hubert entra.

— Vous voilà, Monsieur! s'écria madame de Sommerville, en laissant tomber son regard irrité sur le pauvre intendant, qui tremblait devant elle. Avez-vous résolu ma ruine, Monsieur? Voulez-vous me dépouiller de tout mon avoir, gaspiller ma fortune et amener la misère à ma porte? En vérité, Monsieur, vous avez une singulière façon de régir mes biens et de prendre mes intérêts. Vous savez combien le défrichement de ces bruyères est coûteux, et combien leurs produits sont nuls, et voilà que vous disputez au tuteur de M. Albert dix arpens de ces terrains ingrats ! Fussiez-vous fondé en droits, vous auriez tort cent fois de chercher à les faire valoir, car ce sont des droits onéreux, et dès aujourd'hui j'y renonce. Que M. Albert garde ses bruyères, et vous, Monsieur, tâchez à l'avenir de veiller avec plus de tact et de circonspection aux intérêts que je vous ai confiés.

Le malheureux Hubert se tenait au milieu du salon, pâle, les bras pendans et la bouche béante, et je crois qu'il y serait encore, si madame de Sommerville ne lui eût tendu sa main, avec une grâce parfaite. — Allons!

dit-elle en souriant, je vous pardonne : placez-vous près de moi, et partagez notre déjeuner ; il est bien frugal ; mais, mon pauvre ami, si je vous laissais faire, je ne sais vraiment pas jusqu'où vous réduiriez, avant quelques années, la simplicité de mes repas.

Et se tournant vers moi : — Je vous sais gré, Monsieur, de vouloir bien prendre à votre charge ces dix arpens de terre....

— Mais, Madame, s'écria le vieillard qui n'était point encore revenu de sa stupéfaction, il y a quinze arpens......

— Je ne vous croyais coupable que de dix, répondit madame de Sommerville ; mais je vous pardonne les cinq autres, en faveur de votre franchise.

Durant le reste de la journée, j'observai madame de Sommerville. Sa beauté survivait aux ravages de la douleur ; sa taille était droite et jeune ; sa toilette, bien que sans recherche, élégante et presque coquette ; la grâce de son sourire faisait oublier la sévérité de ses traits, et l'éclat de ses yeux animait la pâleur de son visage. Ses cheveux, relevés sur son beau front, tombaient autour de son cou en boucles brunes et épaisses. Affable sans prétentions, elle captivait d'un geste, d'un regard ; sa voix, douce et voilée, était à elle seule une fascination, et l'aristocratie de ses manières, qui se ployait merveilleusement à toutes les exigences, eût apprivoisé les préventions les plus hostiles. C'était une de ces femmes qui ne vieillissent pas et qui resteront toujours femmes, à cet âge où les sexes s'effacent, où l'on n'est plus qu'un vieillard, comme au berceau l'on n'était qu'un enfant. Au reste, cœur sceptique, ame ennuyée, se passionnant pour tout et se lassant de tout, avide de distractions et ne cherchant que l'oubli d'elle-même : telle m'apparut au premier aspect madame de Sommerville.

Nous parlâmes à plusieurs reprises de ma sœur et d'Albert : madame de Sommerville s'arrêtait avec complaisance sur les détails de l'amitié qui nous unissait tous les trois.

— Aimez vous, me disait-elle, et long-temps et toujours : il n'y a que cela de bon sur la terre, le reste ne vaut pas un regret. Moi, comme vous, j'ai bien aimé aussi, et j'inspirai, dans mes belles années, plus d'une affection fervente ; mais l'ingratitude m'a tout enlevé, et la mort seule m'a laissé des amis. Puissiez-vous ne jamais comprendre le sens de ces tristes paroles : mais si vous suivez la route commune, vous verrez qu'il est doux à celui qui vieillit d'avoir perdu des être aimés au matin de l'existence ; ceux-là du moins ne trompent pas : leur image se conserve pure et gracieuse, et nous pouvons les aimer toujours. Cruelle vie, Monsieur! Nous pleurons sur les vivans, et les morts nous restent seuls. Heureuses donc les amitiés, heureux trois fois les amours qui n'ont point attendu pour s'éteindre l'ingratitude et l'inconstance, ces lois d'une destinée de fer, et que la mort a tranchés dans la fleur de leurs beaux jours! Cela s'appelle mourir à propos.

Nous étions arrivés à la porte de la garenne :

— Adieu, Monsieur, me dit-elle en me donnant sa main que je baisai; revenez souvent près de la pauvre délaissée. Il vous faudra de la résignation, je le sens! Ma vie est triste, mon cœur aussi; mais il est encore assez riche pour couvrir vos frais de courage.

Je m'éloignai, sombre, et l'ame frappée par des pressentimens sinistres. Pourquoi, et qui pourrait le dire? J'avais trouvé madame de Sommerville grande, noble, généreuse avec art; sa bienveillance m'avait captivé, son esprit m'avait séduit. Eh bien! je la quittai sous le coup d'une impression pénible : il me semblait que la fatalité avait dû s'attacher à tout ce qu'avait aimé cette femme, et parmi les sentimens qu'elle m'inspirait, le plus énergique, le plus irrésistible, celui qui les dominait tous, vous le dirai-je? c'était l'effroi.

Deux jours après, nous la vîmes arriver à la Baraque. Elle était à cheval et Frank l'accompagnait. Nous la possédâmes tout un jour. Affectueuse pour moi, elle se montra pour ma sœur adorablement bonne, et Nancy fut bientôt sous le charme d'une séduction réelle. La châtelaine voulut visiter tout notre petit domaine ; elle se fit répéter par ma sœur tous les détails de notre intimité. Vers le soir, elle proposa un pélerinage à la demeure de mon pupille : nous l'acceptâmes avec joie. Frank partit avec les deux chevaux, et nous nous dirigeâmes tous les trois vers la maison du sentier. Elle n'était habitée que par la nourrice d'Albert. Lorsque nous arrivâmes, la bonne femme filait sa quenouille de chanvre sur le seuil de la porte, et les deux chiens d'Albert étaient étendus à ses pieds. A notre approche, ils vinrent lécher les mains de Nancy, et la nourrice nous introduisit dans la maison de son jeune maître.

Madame de Sommerville examina tout avec sollicitude : l'aspect de la chambre d'Albert la frappa. Le fusil, le carnier et la poire à poudre pendaient à la muraille, au-dessus de son lit. Tout se ressentait encore du désordre de son départ. Près de la lampe qui éclairait ses veilles, un volume de l'*Émile* était ouvert. Des instrumens de jardinage reposaient dans un coin ; dans un autre, des plantes desséchées et des cadres d'insectes. Des papiers étaient épars sur la table, une collection de minéraux sur des rayons poudreux. Madame de Sommerville contemplait tout cela avec mélancolie.

— Ce pauvre enfant ! disait-elle, vous me l'amènerez, Maxime. Je veux le connaître et l'aimer, ce jeune homme que vous aimez et qui vous aime. Dites-lui bien qu'en son absence je suis venue à son ermitage. Tenez, je lui laisse ma carte, ajouta-t-elle en détachant de sa ceinture un bouquet de violettes, qu'elle déposa sur l'un des feuillets de l'*Émile*. Je veux qu'à son retour il me rapporte ces fleurs.

— Ainsi, disait-elle en allant d'un objet à l'autre, c'est là où il s'est élevé, c'est là où il a grandi. Que de jeunes pensées sont écloses entre ces vieux lambris ! que de beaux rêves aux ailes d'or ont flotté sous ces rideaux de serge verte ! Age d'illusions, d'amour et de poésie; âge heureux ! disait-elle encore. — Et lorsque nous reprîmes la route d'Anzème, elle voulut entendre de nouveau le récit de la vie d'Albert.

Depuis, il ne se passa guère de jours sans que le soir ne nous réunît tous les trois au château ou à la Baraque. L'affection de Nancy pour madame de Sommerville prit bientôt le caractère d'une passion réelle, et je cédai moi-même à son entraînement. Nous finîmes par initier Aurélie à tous nos projets de bonheur. Elle les encouragea avec transport : elle fit ses espérances des nôtres. Elle se disait vieille et fatiguée, et je la trouvais plus jeune, plus prompte à s'enflammer que nous; sceptique en théorie, elle ne croyait à rien, et je la voyais prête à se livrer à tous. Il en était de son cœur comme de sa beauté : l'un et l'autre avaient échappé au temps.

Vous ne sauriez imaginer une amitié plus tendre, plus désintéressée, plus active, que la sienne, ni tout ce que cette femme exhalait autour d'elle de charme et d'enchantemens. Nuls ne l'ont connue sans l'aimer ; nuls ne l'ont aimée sans enthousiasme. Tous ceux qui l'ont aimée se sont aimés entre eux. Il est des existences qu'elle a sillonnées comme la foudre, et qui n'ont pas su si Dieu la leur avait envoyée dans un jour de colère ou de bénédiction ; mais celles où elle n'a fait que séjourner, comme un hôte d'un jour, sont restées imprégnées de suaves souvenirs.

Elle réunissait toutes les supériorités, mais elle les oubliait avec tant de grâce, qu'on eût dit qu'elle les ignorait ; et peut-être les eût-elle ignorées, en effet, sans l'Envie qui s'empressa de les lui dénoncer. Elle fut pour Saint-Léonard une humiliation vivante, et les beaux esprits de la ville ne lui pardonnèrent jamais leur sottise. Les femmes surtout la détestaient cordialement ; pas une d'elles n'était digne de dénouer les rubans du chapeau d'Aurélie ; mais toutes affectaient de ne point oser prononcer devant leurs filles le nom de la réprouvée. Il n'est pas de fables ridicules que leur imagination n'ait inventées pour salir la plus chaste des créatures. Tel est le sort des êtres supérieurs : la foule stupide se venge de leur génie en bavant sur leur moralité.

La haine de ces petites gens rejaillit sur nous, et acheva de nous isoler de Saint-Léonard. Ce fut le premier bienfait que nous dûmes à l'amitié d'Aurélie.

— Je vous entraîne dans ma proscription, nous disait-elle un soir qu'elle était assise entre ma sœur et moi sous la haie du sentier.

— Que dites-vous donc ? s'écria Nancy, les proscrits sont à la ville.

— Et le bonheur entre nous, ajoutai-je.

— Oui, dit Aurélie, en nous prenant la main à tous deux; le bonheur, c'est d'être trois, de s'aimer sous un buisson, et de tourner le dos au clocher de Saint-Léonard. Mais ne trouvez-vous pas, mignonne, demanda-t-elle en souriant à Nancy, que nous sommes assis bien à l'aise, et qu'un proscrit de plus pourrait s'abriter aisément sous le même toit de feuillage?

Nancy sauta au cou d'Aurélie et cacha sa rougeur dans son sein.

Cependant les lettres d'Albert devenaient plus rares et prenaient un aspect alarmant. Mornes et sombres, elles me révélaient dans mon pupille un découragement profond. Il ne me parlait plus de Nancy qu'avec réserve, de la vie qu'avec amertume. J'essayai vainement de relever son courage ; son enthousiasme était mort, et la jeunesse semblait éteinte en lui. Vague dans la pensée, vague dans l'expression, son style se ressentait de la fatigue de son ame. C'étaient parfois des déclamations que je comprenais à peine, plus souvent des rêveries que je ne comprenais pas, et toujours une lassitude de toutes choses qui me navrait mortellement. Ainsi, moins d'une année avait suffi pour abattre ce superbe courage ! Je cachai ma douleur à Nancy et à notre amie ; avant de détruire l'édifice de bonheur que depuis dix mois nous élevions dans l'avenir, je voulus attendre le retour d'Albert, étudier son mal et m'efforcer de le guérir. Je ne pouvais me résigner à perdre déjà tout espoir, et j'avais confiance encore en ce jeune homme.

Vers les premiers jours de l'automne, Albert revint : mais, hélas ! ce n'était plus lui !

IV

La jeunesse de notre époque a été misérablement perdue par ses flatteurs et ses poëtes. Les uns lui ont offert le sceptre du monde : à leurs enivrantes promesses, elle est partie, comme le peuple du désert, altérée, présomptueuse, avide ; puis, lorsque le jour de la déception est venue, et que le but, qu'elle avait entrevu à travers les songes rians de l'espérance, ne s'est plus montré que dans un avenir éloigné, âpre et rude à conquérir, ses rêveurs lui ont enseigné le découragement et la plainte. Et la jeunesse, trouvant la plainte plus facile que le travail, s'est croisé les bras, et s'est mise à accuser la vie qu'elle ignorait et à pleurer sur les maux qu'elle n'avait pas soufferts. Ces douleurs, fictives d'abord, prirent bientôt de la réalité : l'oisiveté engendra l'ennui, et la vanité fit le reste. De longues lamentations s'élevèrent de toutes parts, et tous essayèrent de se soustraire au positif de la vie pour se livrer à des rêveries inutiles. Ces dispositions, encouragées par le malaise social, le furent plus encore par des esprits maladifs qui s'en firent les éloquens interprètes ; le mal gagna vite; les ames faibles, bien que généreuses, y succombèrent ; frappées d'inaction, leur énergie ne s'exhala plus qu'en soupirs stériles, et chez les natures moins nobles, l'égoïsme, la paresse et l'oubli des devoirs, se cachèrent sous l'expression de ces poétiques souffrances.

Albert revint profondément atteint de ce mal. Je l'interrogeai ; je compris, à ses réponses, qu'égaré par de folles ambitions et de malheureuses influences, il avait négligé ses études pour chercher dans une sphère plus élevée les émotions du triomphe et les enivremens de la gloire ; mais l'indifférence avait accueilli ses premiers essais. En même temps ce malaise social, auquel toute ame bien faite ne saurait échapper, s'était emparé de la sienne, et seul, pauvre, dans sa mansarde, au milieu des terribles séductions que de fréquens exemples de suicide venaient sans cesse lui offrir, il avait éprouvé un grand dégoût de la vie. Telle fut l'histoire de ses mécomptes : toujours donc cette vieille histoire que rajeunissent les lamentations de chaque génération nouvelle ! Toujours la lassitude avant la marche, le découragement et la plainte avant le combat et la défaite, toujours le grand homme comprimé, le génie méconnu, toujours cet éternel René que nous refaisons tous à vingt ans !

La littérature moderne avait ajouté un travers de plus aux égaremens de ce jeune homme. A la représentation d'un drame, il avait vu sur la scène un homme passionné comme Otello, sombre comme Lara, raisonneur comme Hamlet ; destinée maudite avant de naître, existence flétrie au berceau, cet homme avait lutté vainement contre la fatalité; ardente, opiniâtre, inflexible, elle s'était attachée à lui, et ni l'amour, ni la science, ni la fortune n'avaient pu la fléchir, ni effacer la tache que cet homme avait apportée au front. Cet homme, quel était-il? Il était, comme Albert, sans famille et sans nom. Albert se jeta avidement sur ces douleurs, dont il n'avait soupçonné, jusqu'alors, ni l'étendue ni la portée; il s'en empara, il les fit siennes; à son tour il se reconnut maudit et délaissé, et il s'emporta amèrement contre l'isolement dans lequel sa naissance le reléguait

L'ingrat! il oubliait ma sœur, qui ne vivait qu'en lui; il m'oubliait, moi, qui l'avais appelé mon frère! Mais j'ai toujours remarqué que, de ces jeunes indolens qui fatiguent le ciel de leur désespoir, gémissent sur la solitude de leur cœur, et déplorent l'abandon où le sort les a jetés, il en est bien peu qui n'aient pas des parens qui ont tout sacrifié pour eux, dans l'espoir qu'ils seraient un jour l'orgueil et l'appui de leur vieillesse, bien peu dont l'avenir n'ait absorbé celui de quelque jeune sœur qui restera pauvre et sans soutien, s'ils ne la protègent eux-mêmes, bien peu enfin qui n'aient de saintes obligations à remplir.

Il faut être sans pitié pour cette partie de la jeunesse qui, parce qu'elle a entrevu le mieux, n'a pas su se résigner au moins; engeance inutile et vaniteuse qui ne se croit jamais classée suivant ses mérites, et dont le rôle se réduit au prêche de ses misères! Assez de voix éloquentes se sont élevées pour signaler nos maux; nous avons assez pleuré; le temps est venu de se mettre à l'œuvre ; et chacun de nous peut, dans la sphère où le devoir le retient ou l'appelle, apporter son grain de sable à la pyramide qui s'élève.

Je me montrai sans indulgence pour Albert ; je lui reprochai sévèrement d'avoir négligé ses études pour obéir à des fantaisies insensées ; je traitai son découragement de lâcheté, ses rêveries d'enfantillage, et je lui rappelai les promesses qu'il m'avait faites au départ.

— Les avez-vous tenues ? lui dis-je. Je vous avais tracé d'une main sûre et ferme la ligne que vous aviez à suivre : l'avez-vous suivie ? Qu'avez-vous fait de ce courage qui ne doutait de rien, qu'est devenu cet amour qui devait ne pas trouver d'obstacles ? Vous avez marché quelques pas à peine, et voilà que vous vous sentez défaillir. Attendez donc, pour accuser la destinée, qu'elle vous ait effleuré de son aile. Qu'avez-vous espéré, d'ailleurs, en entrant dans la vie ? que ses sentiers étaient sablés, et que ses fruits et ses ombrages se courberaient sur votre front? Ses ombrages sont rares et ses fruits nous échappent sans cesse. Qu'avez-vous fait pour les saisir? Vous vous dites malheureux, moi je vous dis coupable. Malheureux, dites-vous encore, et je demande pourquoi? Sans doute parce que vous n'avez point en dix mois réalisé la conquête du monde. Mais vous voilà bien jeune encore! Ou plutôt votre siècle vous aurait-il déjà méconnu? Mais vous avez dix-huit ans à peine, et quatre inscriptions au plus; le siècle, gardez-vous d'en douter, finira par réparer son erreur ; seulement, laissez-lui le temps de vous connaître et de vous apprécier : vous êtes là-bas tant de grands hommes, que vous devez l'embarrasser parfois. Vous vous plaignez de la réprobation dont vous frappe votre naissance : c'est un préjugé dont le bon sens a fait justice, et le héros que vous prenez pour modèle est un anachronisme dans notre société : vous jouez tous les deux au proscrit. Quant à votre abandon, ceci est plus grave ; mais vous êtes ingrat envers ceux qui ont voulu vous donner des affections et vous créer une famille. Vous voyez bien que vous n'êtes malheureux que parce que vous êtes coupable.

Tels étaient à peu près les discours que j'opposais aux déclamations d'Albert. Pour Nancy, qui n'avait d'autre esprit qu'un sens droit et une ame simple, elle ne comprenait pas les tristesses de son ami.

— Qu'avez-vous, lui disait-elle, et pourquoi nous revenir ainsi? Je voudrais connaître votre mal pour essayer de le guérir. Nous n'avons point cessé de vous aimer, nous n'avons jamais séparé notre destinée de la vôtre : pourquoi donc si triste et si rêveur? N'êtes-vous plus heureux de notre tendresse? Nos projets de félicité rustique ont-ils cessé de vous sourire? Enfin ne nous aimez-vous plus? Dites, si vous avez trouvé des déceptions, vous aviez donc des espérances que vous cachiez à vos amis! Si vous avez des douleurs qu'ils ne puissent partager ni comprendre, vous aviez donc des joies qui leur étaient étrangères ! Vous vous plaignez des hommes et des choses ; le monde est moins pur que vous ne l'aviez rêvé ? Qu'importent les hommes et le monde, si nous autres, nous n'avons point changé ? Voyez ; nos bois sont-ils moins beaux, notre ciel moins serein, notre rivière moins limpide, et nos cœurs vous chérissent-ils moins ? Moi aussi, je me suis vue, comme vous, inquiète, tourmentée, rêveuse ; mais, lorsque Maxime eut béni notre amour, j'ai recouvré la confiance, et vous, ingrat, vous l'avez perdue : moi, j'ai cru au bonheur, et vous, cruel, vous le cherchez encore ! Que vous manque-t-il donc ! Maxime n'est-il pas votre frère, n'êtes-vous pas le mien, ne suis-je pas pour vous quelque chose de plus qu'une sœur ?

Tant d'affection relevait en apparence le courage d'Albert ; mais son amour ne retrouvait plus la grâce et la jeunesse qu'il exhalait autrefois. C'en était fait déjà de notre bonheur, et l'indifférence d'Albert et la douleur de

Nancy, comprimées encore, l'une par le remords, l'autre par l'espérance, n'attendaient pour éclater qu'une occasion qui ne tarda pas à se présenter.

Pendant son séjour à Paris, je l'avais entretenu plusieurs fois dans mes lettres de madame de Sommerville et du vif désir qu'elle éprouvait de le connaître. Je lui avais conté notre visite à la maison du sentier, l'attachement que nous inspirait cette femme et l'amitié qui nous unissait tous les trois. Lorsqu'il revint, Madame de Sommerville était souffrante et n'avait point paru depuis long-temps à la Baraque. Quelques jours après l'arrivée d'Albert, je proposai à ce jeune homme de nous accompagner, ma sœur et moi, au château d'Anzème. Mais comme je venais de le gronder assez rudement sur l'emploi de son temps à Paris et sur le résultat de sa première année d'études, l'enfant capricieux et boudeur, mécontent de lui-même, partant mécontent des autres, refusa sèchement.

— Qu'est-ce donc, demanda-t-il avec humeur, que cette madame de Sommerville ? Pourquoi avoir laissé cette étrangère s'introduire dans notre intimité ? N'étions-nous pas heureux tous les trois ? Pourquoi cette amitié nouvelle ? Ne m'avez-vous pas dit, un soir, sur la terrasse d'Anzème, que cette femme avait quitté sa mère ? Je trouve votre affection bien prompte à s'enflammer, votre estime bien complaisante, vos souvenirs bien indulgens.

— Ne dites pas de mal de cette femme, s'écria Nancy indignée. Pourquoi dites-vous du mal de cette femme, ajouta-t-elle avec douleur, lorsque vous savez que je l'aime ?

— Vous outragez, lui dis-je froidement, ce qu'il y a de grand et de bon sur la terre.

— A la bonne heure ! répondit Albert que la conscience de sa faute rendit plus opiniâtre encore. Seulement je trouve étrange que vous cherchiez à m'imposer vos sympathies et vos enthousiasmes.....

— Vous êtes injuste et méchant, dit Nancy,

et si vous connaissiez madame de Sommerville.....

— Je ne veux pas la connaître, interrompit Albert.

— Venez, ajouta ma sœur d'une voix suppliante. Venez, Albert, c'est moi qui vous prie ; si vous saviez combien de fois madame de Sommerville a parlé de vous avec sollicitude, si vous pouviez comprendre l'intérêt que vous lui inspirez, vous ne voudriez pas être ingrat envers elle.

— Et c'est précisément, s'écria-t-il, cette affectation de tendresse qui m'éloigne de cette femme. Je ne vois dans sa sollicitude qu'une curiosité maladroite qui m'offense et à laquelle je saurai me dérober, dans son intérêt qu'un impérieux ennui qui cherche des distractions, et que je ne saurais distraire.

— Comme vous voilà prompt à imaginer le mal ! dit tristement ma sœur. Il y a un an à peine, vous ne vouliez croire qu'au bien. Vous ne viendrez donc pas? ajouta-t-elle en pleurant.

Que pensera madame de Sommerville de vos refus et de votre obstination, elle qui a tout fait pour vous attirer à Anzème, qui vous aime, parce que nous vous aimons, et qui a visité votre maison, durant votre absence?

— Oubliez-vous que, madame de Sommerville absente, j'ai plus de fois visité son domaine que le bouquet, laissé dans *Émile*, ne contient de violettes, et l'*Émile* de pages? Vous voyez bien que l'apparition de la châtelaine dans la maison de son vassal n'est qu'une politesse que le château devait à la chaumière.

A ces mots, Albert siffla ses chiens et prit par Saint-Léonard pour retourner à sa demeure; Nancy et moi nous partîmes à pied pour Anzème.

Pardonnez-moi, dit Maxime en s'adressant à son ami, de vous entretenir de ces misérables détails de la vie commune; mais c'est là seulement que nous pouvons juger les hommes; sur le théâtre du monde, ce ne sont que des acteurs qui jouent un rôle avec plus ou moins d'habileté, parés avec plus ou moins d'élégance. Pour étudier et saisir les fils secrets qui les font mouvoir, il faut descendre dans la vie bourgeoise. Que de convictions qui bouleversent à cette heure le monde politique et qui n'ont eu pour principe qu'un mouvement d'humeur ! Que d'opinions ferventes qui n'ont eu pour mobile que l'orgueilleuse conscience de leurs erreurs !

Nous marchâmes, ma sœur et moi, silencieux durant toute la route, préoccupés l'un et l'autre de tristes pensées que nous n'osions nous communiquer. Près d'Anzème, nous rencontrâmes Frank, le domestique du château, qui se rendait à Saint-Léonard sur le cheval de madame de Sommerville. Il ralentit en nous voyant le trot vigoureux de sa bête, et l'arrêta près du tertre où nous l'attendions venir.

— Je vais, dit Frank, chercher les lettres de Madame à la ville ; Madame est mieux et vous attend.

L'animal qui piaffait et se cabrait avec impatience força Frank à partir au galop. C'était un cheval de race espagnole, caressant et docile, lorsqu'il sentait sur ses flancs le poids de sa noble maîtresse; mais il n'avait pas été monté depuis l'indisposition d'Aurélie, et, plein d'ardeur et de feu, il bondissait sous Frank comme une cavale sauvage.

Lorsque nous arrivâmes au château, madame de Sommerville était assise sur l'une des marches de ce perron, et lisait.

— C'est vous, mes amis! s'écria-t-elle en se levant, dès qu'elle nous aperçut venir. Je ne lisais que des yeux et je pensais à vous. Chère belle, dit-elle à Nancy, en l'embrassant au front, comme vous voilà pâle et que vos yeux sont rouges! Mignonne, souffrez-vous, avez-vous pleuré? Qu'a donc cette enfant, Maxime? Mes amis, je suis joyeuse de vous voir; je n'ai plus rien en moi de bon et de jeune que vous. Dieu vous bénira de vous être attachés à ma vieille existence. Lorsque je suis près de vous, que

Maxime réchauffe mes mains dans les siennes, et que toi, chère enfant, tu m'enlaces de tes jeunes bras, vous me rappelez ces fleurs que le vent sème sur les ruines et que le soleil y fait éclore. Mais qu'avez-vous fait d'Albert ? On m'a dit au village qu'il était de retour, et je l'attendais aujourd'hui. Pourquoi n'est-il pas avec vous ?

La question de madame de Sommerville nous embarrassa tous les deux. Nancy rougit, baissa les yeux et ne répondit pas. J'essayai de balbutier quelques paroles et je restai court au milieu de ma première phrase. Madame de Sommerville, étonnée, nous regardait avec inquiétude, et j'allais me résigner à lui avouer la vérité, lorsque tout-à-coup le galop précipité d'un cheval se fit entendre dans la garenne.

— Qu'est-ce que cela? dit madame de Sommerville. Frank reviendrait-il déjà de Saint-Léonard ?

— C'est impossible, répondit Nancy. Il n'y

a pas vingt minutes que nous l'avons rencontré dans le sentier, se rendant à la ville.

— Je reconnais pourtant le galop de Cortès, ajouta madame de Sommerville.

Elle avait à peine achevé ces mots que Cortès traversa la terrasse comme un coup de vent, et s'arrêta brusquement devant la grille du château. Le cavalier mit pied à terre; il était pâle, défait et couvert d'écume, et il s'appuya tout tremblant contre les flancs fumans du coursier.

— Ce n'est pas Frank! dit madame de Sommerville avec étonnement.

— C'est Albert ! s'écria Nancy avec joie.

Et nous allâmes tous les trois à sa rencontre.

V

Nul de nous n'échappe à sa destinée. Nous luttons vainement pour la tromper. Son regard est rivé sur nous ; il nous fascine et nous attire, et lorsque nous croyons la fuir, la fatalité nous pousse vers elle.

Je vous ai déjà dit que la maison d'Albert

donne sur le sentier qui mène d'Anzème à Saint-Léonard. Albert était sur le seuil de sa porte, lorsque Frank vint à passer : celui-ci s'arrêta pour parler au jeune homme, qu'il n'avait pas vu depuis son retour. Frank était sur Cortès, et Albert se tenait appuyé sur un fusil à deux coups qu'il avait apporté de Paris. Albert avait la passion des beaux chevaux, et Frank celle des beaux fusils.

— Tu montes là un noble animal, dit Albert.

— C'est Cortès, répondit Frank, en frappant de la main la large encolure de la bête.

An nom seul de Cortès, le cheval dressa les oreilles en hennissant, et frappa la terre de ses deux balzanes de devant.

— Fier et superbe comme un Castillan ! dit Albert. La plus vive de mes fantaisies a toujours été de presser les flancs d'un coursier généreux, de les sentir s'alonger sous moi en bonds élastiques, et de courir ainsi contre le vent.

— Vous avez là une belle arme, répondit Frank, que les poétiques fantaisies d'Albert touchaient médiocrement, et qui couvait des yeux le fusil, dont le double canon rubanné reluisait au soleil.

— Arme inutile, Frank! je ne sais, en vérité, ce que deviennent les lièvres du pays; ce matin, j'ai battu la lande pendant trois heures, sans pouvoir en dépister un seul.

— C'est qu'ils ne vous connaissent plus et qu'ils ont peur, répondit Frank d'un air goguenard, en prenant le fusil des mains d'Albert.

Après avoir fait jouer la batterie, essayé la crosse à son épaule et le point de mire à son œil :

— Monsieur Albert, dit-il en lui rendant son arme, je ne voudrais pas aller à travers champs jusqu'à Saint-Léonard avec ce fusil et vos deux chiens, sans venir pendre, à mon retour, deux lièvres à votre porte.

— A ton aise! s'écria le jeune homme; prends mon fusil et mes deux chiens, et va à la ville en chassant. Je conduirai Cortès à Anzème, et tu le trouveras, au retour, attaché à la barrière de la garenne. Cela te va-t-il?

Il n'avait pas achevé les derniers mots de sa proposition, que Frank était à terre et endossait le costume de chasseur du jeune homme. Albert s'empara de la bride du cheval, posa le pied gauche dans l'étrier, et s'élançant en selle, il partit au galop, tandis que Frank et les deux chiens s'enfonçaient dans la bruyère.

Cortès ne reconnaissant plus son poids accoutumé, et se sentant conduit par une main inhabile, allait comme la tempête. La taille frêle et mince d'Albert était ployée par la rapidité de la course. Mais il se tenait ferme et inébranlable, plein d'audace et de feu, aspirant l'air avec joie, et pressant son coursier de la voix et du geste. Il lui semblait que l'espace était à lui comme à la foudre. Mais lorsqu'il aperçut le clocher rustique d'Anzème et les tourelles du château qui se dessinaient sur un fond jauni de feuillage, il voulut, près du but, ralentir le galop de Cortès; il l'essaya vainement. Au lieu de scier du bridon, il tira la bride à lui de toutes les forces musculaires qu'il puisait moins dans la prévision du danger, que dans celle qu'il était emporté malgré lui vers madame de Sommerville; de sorte que, le fougueux animal, trouvant un appui douloureux sur le mors qui lui serrait la bouche, et se sentant pressé par les jambes du cavalier, qui se cramponnait maladroitement à ses flancs, prenait, à chaque élan, une vigueur nouvelle. Il franchit en quelques secondes la distance qui le séparait d'Anzème, traversa le village en deux bonds, se précipita dans la garenne, dont la barrière était ouverte, et ne s'arrêta que sur la terrasse, devant la grille du château.

Albert se trouvant, comme par enchantement, en face de madame de Sommerville, comprit sa position en homme d'esprit et s'en tira comme un sot. En homme d'esprit, il s'en attribua tout l'honneur, au grand préjudice de Cortès; mais lorsque madame de Sommerville, assez étonnée, d'ailleurs, de l'entrée cavalière de notre jeune ami, le remercia de son empressement à se rendre au désir qu'elle avait de le voir, il répondit effrontément qu'il n'avait cédé qu'à son désir à lui, et, comme un sot, il partit de là pour se perdre en longs et fades complimens qui nous émerveillèrent tous. Ses paroles contrastaient si singulièrement avec son ton rude; il y avait dans toutes ses manières, à la fois brusques et craintives, un mélange si bizarre de hardiesse et de timidité, que madame de Sommerville elle-même ne put s'empêcher de sourire.

— Puisque tel était votre désir, demanda naïvement Nancy, pourquoi donc avez-vous obstinément refusé de nous accompagner? C'est que je vous en priais, sans doute.

Et comme, à ces paroles imprudentes, Albert se troublait et ne répondait pas :

— Je vois bien, ajouta-t-elle d'un air boudeur, que personne ici ne vous inspire d'éloignement que vos deux amis. Ce n'était pas madame de Sommerville, c'était nous que Monsieur fuyait. Entre mon frère et moi, il eût trouvé la route trop longue, et mon bras appuyé sur le sien lui eût fait la marche trop lourde. Eh bien! tant mieux, Albert! j'aime mieux que vous soyez coupable envers nous : nous, du moins, nous sommes toujours prêts à vous pardonner. Mais pourquoi nous fuir, et que vous avons-nous fait?

Albert fut ému et s'approcha de Nancy pour la consoler; mais elle le repoussa, et se retira, boudeuse à son tour, près de madame de Sommerville.

— Voyons, mes enfans, de quoi s'agit-il? demanda madame de Sommerville, qui ne comprenait rien à tout ceci. Qui de vous me donnera le mot de cette énigme?

— Madame, dit Albert d'un air touchant et vrai, en s'avançant vers elle, dussé-je perdre votre intérêt et m'aliéner à jamais votre cœur, je vais tout vous confier.

Et avec la noblesse d'un homme qui s'accuse,

il raconta la scène de la Baraque et l'espèce de fatalité qui l'avait amené, malgré lui, à Anzème.

— Ainsi, Monsieur, dit madame de Sommerville avec mélancolie, c'est moi que vous fuyiez ! Quoi de plus naturel ? Il ne pouvait guère en être autrement ; quelle sympathie saurait exister entre votre jeune cœur et le mien ? Je ne vous en veux pas, Monsieur.

— Oui, Madame, répondit Albert en baissant les yeux ; c'est vous que je fuyais. Je suis un misérable. Vous m'avez aimé sans me connaître, et moi, je ne vous aimais pas. Je sens bien, à cette heure, que nous avions tort tous les deux.

— N'espérez pas, dit madame de Sommerville en souriant, que l'aveu de vos fautes entraîne celui des miennes. A mon âge, Monsieur, plus qu'au vôtre, on tient à ses erreurs, et on y renonce difficilement.

A ces mots, elle prit Albert par la main et l'attira vers ma sœur. Albert déposa un froid baiser sur le front de Nancy, et porta timidement à ses lèvres tremblantes la main qu'il tenait dans la sienne.

— Oh! Maxime, s'écria-t-il avec enthousiasme, pendant que madame de Sommerville essuyait les larmes de ma malheureuse sœur; oh! que cette femme est belle! que son regard est doux et triste, son visage noble et souffrant! Et qu'elle est gracieuse, Maxime! Vous ne m'aviez pas dit tout cela. Elle est jeune aussi, jeune et belle, belle surtout de la beauté qu'elle a perdue. Voyez que de résignation sur cette grande et pâle figure! On dirait l'ange de douleur. Et cette femme vous aime, Maxime, et vous osez l'aimer! Vous êtes bien heureux. Lorsque j'ai senti ses doigts à mes lèvres, il m'a semblé que j'allais mourir.

Ces paroles me faisaient mal. Il ne voyait que madame de Sommerville, et moi je pensais à Nancy. Mortellement blessée de la froideur d'Albert, elle pleurait dans le sein d'Aurélie, et celle-ci, l'entourant de ses bras, et couvrant de ses baisers la blonde tête de la pauvre affligée, m'apparaissait, à moi aussi, comme l'ange de la douleur, enveloppant ma sœur de ses ailes.

Nancy fut triste le reste du jour, mais son ami ne le remarqua pas. Madame de Sommerville qui désirait convaincre Albert de ses torts, et se faire pardonner la position forcée qu'il avait auprès d'elle, déploya tout ce qu'elle avait de charmes et de séductions. Albert y succomba, et le soleil s'éteignit moins vite derrière nos coteaux, que l'image de Nancy dans son cœur.

C'est qu'elle était déjà bien pâle et bien mourante, cette image en un jour effacée ; c'est qu'à ce cœur, défloré par les excès d'une littérature qui nous fait vieux et blasés à vingt ans, les paisibles émotions d'un amour virginal ne suffisaient déjà plus ; c'est que pour cette imagination, fouettée depuis dix mois par les sensations fiévreuses que lui jetaient les romans et la scène, l'humble fille de nos montagnes n'était plus qu'une héroïne bien vulgaire. Belle encore, mystérieuse, romanesque, enthousiaste, madame de Sommerville s'offrait à lui comme une réalisation bien plus enchantée des idées vagues et brûlantes qui s'agitaient dans sa jeune tête, et l'apparition seule de cette femme dut lui révéler le secret et le but de ses aspirations nouvelles.

Et puis, il faut bien vous le dire, ce jour me montra dans toute son étendue la distance qui séparait Nancy de madame de Sommerville, et combien la grâce native et sans culture s'effaçait humblement devant l'élégante assurance que donne et qu'enseigne le monde. J'avais fait de Nancy toute ma joie et tout mon orgueil ici-bas : l'être le plus aimé était pour moi le plus aimable, et je n'avais pas imaginé, jusqu'alors, qu'aucune femme pût dérober au ciel plus de beautés et de perfections que n'en avait ma sœur. Nancy de son côté, heureuse et fière de l'amour d'Albert, croyait naïvement aux charmes qu'il admirait en elle, et jamais elle n'avait pensé qu'une femme, aimée de ce jeune homme, pût ne pas être belle et aimable entre toutes. Notre crédule confiance s'évanouit en ce jour. Négligée par son ami, que madame de Sommerville captivait tout entier, Nancy comprit, avec moi, qu'elle n'était qu'un enfant simple et timide, sans esprit et sans art, et tandis qu'Aurélie se perdait avec Albert dans un monde d'idées où ma sœur ne pouvait les suivre, nous allions tous les deux en silence, mornes et dévorant nos pleurs.

Rentrés au château, madame de Sommerville se mit au piano. Elle chantait avec ame, Albert l'écouta avec ravissement. Tendre, plaintive, passionnée, elle lui rendit tour à tour les anges de ses rêves et les fées de ses illusions: Anna, Juliette, Desdemona, Elvire. Hélas! qu'elle était belle et touchante! qu'il y avait de mélodieuses tristesses dans sa voix, d'inspiration et de poésie sur son front et dans son regard, et jusque dans ses cheveux qui semblaient frissonner d'harmonie autour de son pâle visage! Hélas! qui ne l'eût pas aimée? qui n'eût oublié ma sœur auprès d'elle? Albert eût oublié le monde. Debout, à ses côtés, il s'enivrait d'amour, et Nancy, encouragée par les pleurs que les chants d'Aurélie suspendaient à nos yeux, versait à son aise les larmes de sa douleur.

Aurélie venait d'achever la romance du *Saule*. Ses mains reposaient encore sur les touches d'ivoire; ses yeux étaient au ciel, et par les vitraux ouverts les derniers rayons du soleil glissaient avec la brise sur son front rêveur. Elle me rappelait la Corinne du peintre, au promontoire de Misène. Aurélie se leva lentement, s'approcha de Nancy, et passant ses doigts dans les cheveux de la blonde fille : — Les poëtes n'ont rien imaginé de plus jeune et de plus beau que vous, jeune et belle enfant, lui dit-elle ; et s'adressant à Albert : — Monsieur, j'ai dû me trouver en même temps que vous à Paris : c'était au dernier hiver; je revenais d'un long voyage, et je me préparais à un exil éternel. Nous avons plus d'une fois, sans doute, sous la même voûte, à l'éclat des mêmes lumières, frémi des mêmes émotions et pleuré des mêmes larmes. Peut-être aussi, dans les galeries du Louvre, nous sommes-nous arrêtés ensemble devant les mêmes chefs-d'œuvre ; peut-être, dans la même soirée, sur l'un des ponts jetés sur la Seine, avons-nous contemplé tous les deux la vieille cité qu'enveloppait déjà la brume du soir. J'aimais Paris, et parfois encore sous le ciel large et embaumé des prairies, je me prends à regretter son ciel capricieux et changeant. Parlez-moi donc de Paris, Monsieur ; la vie y est si pressée, si rapide, la popularité si mobile, la gloire si périssable ; chaque jour, chaque heure y voit naître et mourir tant d'événemens et de choses, que six mois d'absence en ont fait pour moi un monde étranger, une contrée nouvelle. Voyons, jeune voyageur, revenu des plages lointaines pour visiter les huttes de vos frères, parlez un peu de la grande ville aux sauvages des rives de la Creuse.

Albert parla de tout avec tact et finesse. Rempli d'amour pour les doctrines nouvelles, plein de foi dans leur avenir, en moins d'une heure il défit et refit le monde politique et social. Artiste, en ce sens qu'il était doué d'un instinct énergique et rapide du vrai et du beau dans les arts, il se montra tour à tour peintre, musicien et poëte. Enthousiaste exclusif, jeune homme aux convictions ardentes, il exposa chacune de ses idées comme un culte; chaque objet de ses admirations fut présenté comme une idole. Madame de Sommerville qui observait avec intérêt cette faculté qu'a la jeunesse de se passionner pour toutes choses, se plut à contrarier les sympathies d'Albert; Albert les défendit avec chaleur. La discussion fut vive : Aurélie s'y montra spirituelle, calme et railleuse; Albert, éloquent et fougueux.

— Ah! vous êtes heureux, s'écria madame de Sommerville, en jetant sa brusque parole au travers des déclamations d'Albert qui s'interrompit aussitôt; vous êtes heureux, Monsieur. Si vous saviez combien ma froide raison regrette vos brûlantes erreurs! Puissiez vous les garder toujours! Le cœur qui ne sait plus s'abuser est maudit.

Il est facile d'imaginer la contenance de Nancy durant toutes ces discussions morales et littéraires. Restée comme moi en dehors du mouvement intellectuel de l'époque, elle avait le maintien embarrassé d'un voyageur au milieu d'un cercle dont la langue lui est étrangère. Elle observait avec une inquiétude mêlée d'étonnement la désinvolture élégante et facile d'Albert dans ce champ d'idées nouvelles où notre gaucherie n'osait s'aventurer. Nous avions bien dans nos soirées d'hiver étudié les lettres et les arts; mais au fond de cette contrée où nous arrivait à peine un faible écho des retentissemens du siècle, nous n'avions pas suivi la marche du progrès; nous en étions restés au culte des vieilles idoles, et l'on nous initiait pour la première fois à l'adoration de dieux nouveaux dont notre foi surannée ne soupçonnait même pas l'existence.

Dieu seul a pu savoir ce que j'ai souffert en

ce jour : souffrances misérables qui ont humilié mon cœur plus encore qu'elles ne l'ont déchiré! Je me reprochais l'esprit d'Albert; je m'accusais de l'avoir envoyé à Paris pour y puiser le talent et la science; j'étais jaloux des grâces d'Aurélie; j'étais blessé dans l'amour de Nancy; je souffrais à son cœur; j'aurais voulu réduire Albert à son ignorance primitive, ou dépouiller madame de Sommerville de toutes ses perfections pour en parer ma sœur.

Au reste, il fallait toute mon inexpérience pour n'avoir pas plus tôt prévu que l'amour d'Albert, placé entre ces deux femmes, se retirerait de Nancy pour se porter sur madame de Sommerville. L'amour, à l'âge qu'Albert avait alors, est impatient de vivre et avide de connaître : il aime à s'égarer dans les régions de l'inconnu; il veut à chaque pas y faire une découverte nouvelle. Aussi est-il rare de voir deux jeunes ames échanger leur virginité : c'est qu'elles n'ont rien à s'apprendre. Un cœur neuf cherche toujours celui qu'a vieilli l'expé-

7*

rience, pressé qu'il est de côtoyer les rives de la vie qu'il ignore et que l'autre a déjà parcourues ; de son côté, le cœur, qui a descendu le fleuve et qui en a sondé les écueils, appelle les jeunes amours, mais c'est dans l'espoir de remonter avec eux le courant qui l'entraîne.

Qu'y avait-il de mystérieux et d'imprévu dans l'avenir que l'amour de ma sœur ouvrait à Albert? Quelle autre perle que cet amour lui-même, recélait le cœur de Nancy? Quels trésors, au contraire, ne devaient pas dormir dans celui d'Aurélie?

L'amour de ma sœur s'offrait comme une pente facile, dont un regard mesurait l'étendue, et dont le mariage était le couronnement prosaïque; celui d'Aurélie, au contraire, comme un paysage semé de contrastes, et dont l'œil ne pouvait calculer tous les accidens ni percer toutes les profondeurs.

Cependant la conversation d'Albert et d'Aurélie allait effleurant tous les sujets, abordant toutes les idées, discutant toutes les questions.

Madame de Sommerville, en causant, laissait ses doigts courir au hasard sur le clavier. Lui, assis auprès d'elle, feuilletait des albums négligemment épars sur une table en marqueterie.

— Ne cherchez pas, dans ces feuillets, lui dit-elle, des noms illustres, des esquisses ravies par l'importunité à des crayons habiles, à des pinceaux célèbres ; ces pages ne renferment que des souvenirs vulgaires qui n'ont de charme que pour moi.

— Ces souvenirs sont les plus doux, Madame, répondit Albert. Je tremblais, en ouvrant ces recueils, que vous n'eussiez sacrifié à la mode du jour. Avez-vous jamais parcouru un album sans un sentiment de compassion pour les artistes qui ont signé sur ses pages la persécution exercée contre eux ?

— Non sans doute. Mais ceux-ci ne me rappellent que des êtres et des sites aimés. Il n'est pas un de leurs feuillets, couvert d'ébauches imparfaites ou signé de noms inconnus, qui n'ait plus de prix à mes yeux que les dessins les plus achevés et les noms les plus glorieux.

— Vous avez voyagé, Madame? dit Albert en regardant avec intérêt plusieurs vues dérobées à des contrées étrangères.

— Oui, répondit madame de Sommerville d'un air triste. S'il est vrai que la patrie soit aux lieux où nous avons souffert, la mienne est bien grande, Monsieur!

— Vous avez visité l'Italie et l'Espagne! poursuivit Albert avec enthousiasme, en feuilletant les croquis qu'Aurélie avait rapportés de ses courses. Vous avez vu l'Alhambra, vous êtes allée rêver dans la patrie des Maures! Saint-Marc! vous avez vu Venise; ses gondoliers chantent-ils encore les chants de l'Arioste et du Tasse? Naples, voici Naples! Vous avez vu Naples, Madame! vous avez vécu sous son beau ciel, la mer vous a bercée dans ce golfe, vous avez gravi la lave du Vésuve! Vous êtes bien heureuse! Cette rose flétrie et desséchée, est-ce une rose de Pœstum?

— Non, Monsieur; dans ce livret, comme dans ma vie, mes souvenirs sont jetés sans ordre et sans méthode. Cette rose a pour moi des parfums de rives plus lointaines.

— Cette fleur est peut-être tout un poëme? Chose étrange, qu'il y ait souvent pour nous dans l'aspect des moindres objets toute une vie de joies et de douleurs!

— Cette rose a traversé les mers. Après un voyage de long cours, contrarié par le vent, le brick *la Fanny* mouilla devant le cap de Bonne-Espérance. J'étais parmi les passagers; il y avait six mois que nous n'avions pas vu la terre. La chaloupe fut mise à flot, et chacun de nous, fatigué de la nourriture du bord, voulut qu'on lui rapportât du Cap le mets que préférait son goût. Deux jeunes femmes demandèrent, l'une un camélia, l'autre une rose. Il y avait si long-temps que nous n'avions pas vu de fleurs!

— Vous avez foulé les rives de l'Arno!

— Je les ai mouillées de mes pleurs.

— Et Rome, Madame; n'avez-vous pas vu Rome?

— Elle est sous vos doigts; prenez garde de la réduire en poudre.

— Cette feuille de lierre?

— Je l'ai cueillie sur les ruines du Colysée.

— Oh! voyager, Madame, c'est le rêve de ma jeunesse! Que de fois n'ai-je pas demandé aux oiseaux émigrans de m'enlever sur leurs ailes, aux nuages qui glissaient dans l'air de m'emporter avec eux! Puissé-je un jour, aller dans ces belles contrées chercher la trace de vos pas!

— On se lasse bien vite de cette vie errante et stérile en affections durables. On éprouve bientôt une vive fantaisie de dresser sa tente sur un rivage aimé qu'on ne doit plus quitter.

— En quels lieux enchantés eussiez-vous désiré faire votre Élysée?

— Notre Elysée est là où nous avons commencé la vie. C'est le coin de terre où nos yeux ont versé leurs premières larmes, où nos lèvres ont souri pour la première fois. Il n'est pas de cieux si purs, de bords si fleuris, de champs si parfumés, qui nous fassent oublier les lieux où nous nous sommes élevés. La patrie, Monsieur, n'est pas un vain mot : elle est là où nous aimons, où nous avons aimé. Il m'est arrivé mille fois de traverser des petites villes, en me demandant comment des créatures faites à l'image de Dieu pouvaient se résigner à vivre dans de semblables repaires : j'oubliais qu'il n'est pas de laide patrie.

— Est-il vrai, du moins, que la vie de voyages soit salutaire à la douleur ? Que nous puissions trouver sous d'autres cieux le calme et le silence que nous avons perdus sur la terre natale ?

— Le calme et le silence n'ont qu'une patrie, c'est notre ame. Lorsqu'ils la délaissent, nous nous fatiguons en vain à les poursuivre ; nous avons beau rompre notre chaîne et fuir les lieux où elle était rivée, nous ne nous fuyons pas nous-mêmes, et nous traînons partout à notre cœur meurtri un bout de cette chaîne que nous avons brisée.

Ils parlèrent long-temps ainsi, et Albert écoutait Aurélie avec une admiration naïve : il se demandait quelle était cette femme, qui, si jeune et si belle encore, semblait avoir tout vu, tout connu, tout souffert. De son côté, madame de Sommerville se laissait aller au charme de livrer ses impressions et ses souvenirs à une ame intelligente qui lui apparaissait comme une jeune sœur de la sienne. Nancy et moi, nous écoutions en silence, mêlant, à longs intervalles, quelques questions banales à la conversation de nos amis.

Je ne sais rien de plus mobile, de plus imprévu, de plus vagabond, pour ainsi dire, que la conversation de deux êtres qui se voient pour la première fois, et dont les sympathies se sont révélées au premier abord ; ils ne s'observent pas, ils s'aiment, ils veulent s'aimer plus encore. Voyez aussi comme ils s'empressent de découvrir l'un dans l'autre des sympathies nouvelles, comme ils ont hâte de mettre à nu toutes les richesses de leur ame!

Je ne sais par quelle transition Albert et Aurélie vinrent à s'entretenir de la politique du jour. Héritière d'un nom illustre dans sa province, madame de Sommerville avait passé sa vie à chiffonner ses parchemins et à fouler aux pieds les préjugés de sa caste. La révolution de Juillet la surprit dans les rangs des vainqueurs; mais comme la noble femme pensait que le malheur est un drapeau sacré, la femme noble entra le lendemain de la victoire dans les rangs de la défaite. En face d'Albert, madame de Sommerville représentait donc le passé, et ce jeune homme l'avenir. Il y eut d'abord un lien commun entre eux : ce fut le présent à détruire. Le combat ne s'engagea que lorsqu'il fallut relever ses ruines. Ennemi des priviléges, par conviction et par naissance, Albert, égaré par la discussion, traita le passé sans pitié, et la noblesse sans réserve. (Vous savez que la haine de la noblesse est encore le début politique de tout jeune homme élevé dans des doctrines libérales et philosophiques). Albert railla ses travers avec amertume, et plus d'une fois, s'arrêtant sur les portraits de famille qui tapissaient le salon de leurs cadres gothiques, les uns bardés de fer, les autres chamarrés d'hermine, tous plaqués de croix, bariolés de cordons, ses yeux foudroyèrent, d'un regard sarcastique, cette série de gloires peintes et d'immortalités sur toile.

Madame de Sommerville releva le gant que lui jetait Albert ; mais entraînée par la poésie de sa cause, elle oublia à son tour la position de son adversaire, et elle toucha maladroitement à des susceptibilités irritables qui ne dormaient jamais qu'à demi dans le cœur de mon pupille.

— En vérité, Monsieur, s'écria-t-elle, vous ne le connaissez guère, ce monde que vous raillez sur la foi de traditions banales : je puis en parler à mon aise, moi qui n'en suis que depuis qu'il n'est plus. Eh bien ! Monsieur, c'était un monde plein de charme, de loyauté chevaleresque et de douce urbanité ; bienveillant avec tous parce qu'il ne craignait de déroger avec personne, c'était le plus aimable et le plus élégant des mondes. Poétique à cette heure, comme toutes les religions qui se meurent, il s'élève au milieu de notre société, mélancolique et solitaire, comme le château de Ravensvood dans les plaines de Lammermoor. Vous riez de ses travers ; ceux de l'aristocratie nouvelle me les ont fait aimer; les nôtres du moins étaient pleins de grâce et de naïvetés charmantes. Il y avait de la piété dans notre orgueil, quelque chose de grand dans notre vanité. Nos portraits de famille, par exemple... — C'est un ridicule dont on a beaucoup ri, et dont vous m'accusez peut-être. Eh bien ! oui, j'aime les vieux portraits ; ceux-là surtout qui ne rappellent que des vertus obscures. Je voudrais que chaque famille eût sa galerie de vieilles gloires, ses gloires de coin du feu. Il est doux d'enlever à l'oubli ce qu'on aime; il est doux aussi de penser que nous ne descendrons pas tout entiers dans la tombe, et qu'entre nos pères qui ne sont plus, nous tiendrons un jour notre place près du foyer de nos enfans. Et puis si ces portraits rappellent des vertus, ne trouvez-vous pas que ce sont des consciences qui nous regardent? Les anciens renfermaient dans une urne les cendres qui leur étaient chères, et nous faisons revivre sur la toile les traits de ceux que nous avons aimés : c'est la religion des morts.

Ces paroles imprudentes rappelèrent cruellement à Albert qu'il ne pouvait pas même suspendre à son chevet le portrait de sa mère. Il ne répondit pas, mais son front se couvrit de rougeur et ses yeux se remplirent de larmes. Nancy, qui avait l'intelligence du cœur vive et facile, s'approcha de son ami et voulut lui prendre la main; il la repoussa froidement. Madame de Sommerville comprit, à son tour, qu'elle venait de faire ce qu'on appelle communément *compter son or devant un pauvre*. Elle n'ajouta pas une parole; mais lorsque nous sortîmes du salon, elle s'empara, dans l'ombre, du bras d'Albert, et elle le pressa avec effusion.

— Vous ne craignez pas de déroger? lui dit le jeune homme avec amertume.

— Oh! Monsieur!..... s'écria-t-elle en joignant ses mains.

Nous arrivions près d'eux, et ils se turent. En passant sur la terrasse, nous rencontrâmes Frank qui ramenait les chevaux de l'abreuvoir. Madame de Sommerville s'avança vers Cortès et caressa son poitrail noir et luisant comme la plume du corbeau.

— Ne lui en voulez-vous pas, à ce pauvre animal? demanda-t-elle en se tournant vers Albert. Albert sourit, et avant de s'éloigner, il baisa l'étoile blanche qui brillait au front de Cortès. Madame de Sommerville nous accompagna jusqu'à Anzème. Arrivés au village, nous prîmes, ma sœur et moi, le chemin de la Baraque, Albert celui du sentier, et madame de Sommerville retourna seule au château.

Nous marchâmes long-temps, ma sœur et moi, sans échanger une parole; mais nos douleurs se comprenaient et se parlaient tout bas. Il y eut un instant où nos ames se rencontrèrent, et, par un mouvement spontané, nous nous pressâmes dans les bras l'un de l'autre. Nancy était pendue à mon cou, et j'embrassais son front et ses cheveux.

— Ah! tu m'aimes, toi, tu m'aimes! s'écriat-elle en sanglotant. Sans grâce, sans esprit, sans beauté, toi, tu m'aimeras toujours. Maxime, mon frère, pourquoi n'as-tu pas gardé mon cœur à toi seul? Ton amour était si doux, et l'autre fait tant de mal! Ah! laisse-moi pleurer: je souffre. Dis-moi que tu m'aimes. J'entends toujours une voix qui me crie : — Je ne vous aime pas!

Puis elle me disait :

— Il faut lui pardonner. Que suis-je, hélas! pour qu'il m'aime? Rien qu'une fille des champs. Je n'ai que mon amour. Et lui, qu'il a d'esprit, de génie, d'éloquence! Ah! cruel, pourquoi l'avez-vous envoyé à Paris? Que ne l'avez-vous laissé dans nos campagnes? Quel besoin avait-il d'instruction et de science? Il m'aimait, et j'étais heureuse. Et lui aussi était heureux, mon Albert! Rendez-moi sa joie, rendez-moi mon bonheur : c'est vous qui avez fait tout le mal, c'est vous qui nous avez perdus.

Et revenant à moi :

— Grâce, pardonne à ta pauvre sœur; prends pitié de sa peine! Je suis malheureuse, la douleur me rend folle. Cette journée a été si longue! J'ai cru que la nuit ne viendrait pas. Elle venait si vite autrefois, lorsqu'Albert était entre nous; comme chaque jour qui nous réunissait était court et rapide! Et pourtant, tu t'en souviens, mon frère; nous restions des heures entières sans rien nous dire, et ces heures étaient les plus douces. Ou, s'il me parlait, c'était de nos travaux, de nos plaisirs, de notre amour heureux. Lorsque les oiseaux émigraient, et que leurs bataillons filaient au-dessus de nos têtes, il me disait : — Je voudrais

8

aller avec eux dans les contrées lointaines ; je vous en rapporterais des fruits et des fleurs. — Ou bien, lorsqu'il était rêveur, il me disait : — Je voudrais savoir où vont les nuages qui glissent dans le ciel, où va la laine que les troupeaux laissent aux haies épineuses et qu'emporte le vent, savoir aussi ce que dit le vent aux feuilles des arbres, la Creuse aux cailloux de ses rives. — Et moi, j'aimais tout ce qu'il me disait.

Ainsi, ma sœur cherchait, dans le monde de ses souvenirs, Albert qu'elle ne pouvait suivre dans le monde nouveau où je l'avais jeté. Lorsque nous rentrâmes, elle avait une fièvre brûlante, et je passai la nuit auprès d'elle. Cette nuit fut mauvaise aussi pour Albert.

VI

Rentré dans sa chambre, il appuya sa tête sur le balcon de sa croisée. La nuit était sereine. La lune, qui s'était levée rouge et mate à l'horizon, grimpait lentement sur les peupliers de la prairie; les feuilles humides de rosée se détachaient sans bruit, et rien ne troublait le recueillement des campagnes. Albert veillait seul au milieu du repos universel. Il alla respirer l'air froid du ciel sur les bords de la Creuse; il mouilla ses pieds dans l'herbe des prés, son front aux branches de son verger, et las de chercher le calme et de ne pas le trouver, il eut peur des agitations de son ame. Depuis, il me l'a contée bien souvent, cette nuit si paisible dans les champs, si orageuse dans son cœur.

— Mon Dieu! se disait-il, en traînant sous ses pas les feuilles mortes du vallon; qu'est-ce donc que ces sensations tumultueuses que vous avez éveillées en moi? Est-ce donc là l'amour, ce feu qui dévore, cette inquiétude qui consume, ce mal qui n'a pas de nom? Est-ce donc là le ciel que vous nous avez donné sur la terre? Non, cette femme est votre mauvais ange; je sens encore ses doigts qui brûlent mes lèvres, sa main qui serre mon bras comme une main de fer. C'est Nancy que j'aime, c'est elle que je veux aimer; vous savez bien qu'elle a reçu ma foi, et qu'un jour nous irons tous les deux nous agenouiller à vos autels. Vous le savez, mon Dieu; pourquoi donc, dans les plaintes du vent, dans le bruit des feuilles, dans le murmure de l'eau, avez-vous mis le nom d'une autre femme, une autre image dans vos cieux, une autre pensée dans mon ame? Mais je lutterai; si vous m'aidez, je serai fort; je garderai l'amour que j'ai promis; mais aidez-moi, je suis faible à cette heure. Envoyez-moi votre ange de paix ; dites au vent de se taire, à la nuée qui passe de revêtir une autre forme, et, avec vos étoiles, tracez un autre nom à la voûte du ciel.

Ainsi, ce malheureux jeune homme se débattait entre le remords et l'amour. Comme il arrive toujours dans les ames honnêtes, le remords l'emporta d'abord ; Albert s'imposa comme un devoir le bonheur de Nancy, et il jura solennellement de ne plus revoir madame de Sommerville. Il ignorait, hélas! que le bonheur ne se donne pas, qu'il s'échange; et que le plus impérieux des devoirs, celui qui les domine tous, c'est l'amour.

Cependant, madame de Sommerville, qui croyait avoir passé le temps d'aimer, se berçait sans défiance de l'espoir de revoir Albert. Ce jeune homme excitait vivement sa curiosité, et la curiosité, chez les femmes, c'est déjà de l'amour, ou plutôt n'est-ce pas tout l'amour? Et puis, madame de Sommerville était piquée au vif par l'espèce d'éloignement qu'Albert avait ressenti pour elle : l'amour, chez certaines femmes, ne naît souvent que de la difficulté de l'entreprise : l'amour de ces femmes est comme la mort, il ne frappe que ceux qui le fuient, il n'évite que ceux qui le cherchent. L'intérêt qu'avait voué madame de Sommerville à Albert sur la foi de notre affection pour lui, prit donc, dès le premier jour de leur entrevue, un caractère plus romanesque et plus tendre. D'ailleurs Albert se présenta à Anzème avec des séductions qu'Aurélie ne soupçonnait pas. Elle avait compté sur un étudiant robuste, un héros du quartier latin, exhalant à vingt pas une forte odeur de science et de tabac, et ne rêvant que procès, servitudes et murs mitoyens. Elle trouva un jeune homme élégant et beau, franc jusqu'à la rudesse, timide jusqu'à la gaucherie, enthousiaste comme elle, admirant ce qu'elle admirait, aimant ce qu'elle aimait; comme elle, passionné pour les arts, les sentant avec ame, en parlant avec goût; jeune homme sans talent, d'ailleurs; ayant effleuré en dix mois plusieurs spécialités, et n'en possédant aucune; paré de toutes les qualités de son âge, et n'ayant pas une vertu; enfant de deux jours, qu'Aurélie eût laissé passer inaperçu dans un cercle, et qui lui apparut, dans ces campagnes, comme l'un des rêves les plus poétiques de sa jeunesse. A la campagne, lorsqu'il pleut ou que l'ennui pèse sur nous, nous souhaitons la bienvenue à tout ce que le hasard nous envoie; tout est bien, tout est bon, tout est beau; il n'est pas de livre insipide ni de visiteur incommode. Enfin, que vous dirai-je?

Madame de Sommerville avait fait saigner les blessures d'Albert par ses paroles hasardées; et, se sentant coupable envers lui, elle se crut obligée à l'aimer. Le cœur est si habile à concilier ses passions et ses devoirs !

Plusieurs jours s'écoulèrent sans qu'Albert reparût au château. Madame de Sommerville, qui allait souvent à Saint-Léonard pour prendre ses lettres, au débotté du courrier, ne manqua jamais, durant tous ces jours, de venir de la ville à la Baraque, peut-être dans l'espoir d'y rencontrer Albert. Elle nous aimait bien toujours, mais notre intimité ne lui offrait plus rien d'inattendu, et il fallait à ce cœur, frappé d'atonie, des excitans qu'il ne trouvait pas dans notre vie simple et bourgeoise. Quel que fût son espoir, elle ne rencontra pas Albert. Il ne venait plus que le matin à la Baraque, pour avoir des nouvelles de Nancy, et il s'en retournait presque aussitôt, toujours sous quelque prétexte d'études et de travaux. Madame de Sommerville l'attendait vainement le reste du jour, et le soir, pour se rendre à Anzème, elle repassait par la ville.

Il résulta de tout ceci qu'Albert devint, pour Aurélie, une préoccupation continuelle, et que la passion de ce jeune homme grandit en raison des efforts qu'il s'imposa pour la vaincre. Bientôt il ne lutta plus qu'à demi : sans renoncer d'abord au projet d'éviter madame de Sommerville, il ne chercha plus à la repousser de son cœur, et il le laissa envahir tout entier par elle.

Lorsqu'il l'avait vue, le matin, passer à cheval dans le sentier pour se rendre à la ville, il ne savait comment tromper la mortelle longueur du jour. Les heures se traînaient, et le soir n'arrivait pas. Enfin, lorsque les ombres de ses peupliers s'alongeaient sur l'herbe du pré, il allait se blottir derrière la haie, et prêter l'oreille au bruit de la route. Et lorsqu'à travers les voix confuses des troupeaux qui revenaient des pacages, les aboiemens des chiens et les chants des bouviers, il entendait au loin le galop d'un cheval, alors il se disait que le jour avait été bien rapide, et que la nuit était venue bien vite; et à mesure que ce galop approchait, son cœur battait avec plus de violence : il le sentait bondir dans sa poitrine comme s'il eût voulu rompre son enveloppe, et il était là, derrière son buisson, craintif et tremblant sous le pas nerveux de ce cheval, comme un oiseau sous l'influence magnétique du chien qui le tient en arrêt. Cortès passait enfin, il s'éloignait. Alors Albert élevait la tête au-dessus de la haie, et il la voyait, elle, qui fuyait, belle et rapide, dans l'air bleu du soir; il rentrait plein de son image, et dans ses rêves de la nuit, il voyait encore le corsage blanc d'Aurélie glisser à travers le feuillage, comme un beau lys emporté par le vent.

D'autres images passaient dans ses rêves. C'était Nancy, pâle et mourante, qui venait s'asseoir à son chevet; elle était vêtue d'un linceul et elle lui disait : — Vous vous êtes bien empressé de me donner ma robe de fiancée.

— Elle avait sur la tête une couronne d'immortelles et de cyprès, et elle lui disait : — C'est ma couronne de mariée que vous m'avez tressée vous-même. — Ses joues étaient caves, son teint plombé, ses yeux brûlés de larmes, et elle lui disait : — Voilà la parure de noces que vous m'avez apportée de Paris. — Albert voulait l'enlacer de ses bras, mais il ne trouvait que mon ombre menaçante qui lui demandait ce qu'il avait fait de ma sœur; une voix impitoyable harcelait son sommeil, et lorsqu'il se réveillait, son oreiller était mouillé de pleurs.

C'était alors que le remords ranimait son amour pour Nancy et le ramenait à la Baraque : parfois alors cet amour expirant jetait de vives étincelles. Albert partait de sa demeure, tout plein d'ardeur et de jeunesse. Son esprit était absorbé par une seule pensée, gracieuse, douce, ravissante, mais vague, incertaine, mystérieuse. Il voyait Nancy, il entendait sa voix, il s'enivrait de l'air du matin ; il franchissait, comme un enfant, les haies et les fossés, pour arriver plus vite. Il lui semblait qu'une ame toute nouvelle habitait en lui, et qu'il allait retrouver près de ma sœur ses fraîches émotions d'autrefois. Mais lorsqu'il arrivait, il sentait un monceau de glace qui tombait sur sa flamme ; les paroles d'amour qu'il avait toutes prêtes se figeaient sur ses lèvres, et il s'en retournait confus, humilié, et triste jusqu'à la mort?

Ceux qui nous ont fait de la mobilité des affections un passe-temps doux et facile, ceux-là ont menti, croyez-moi. L'inconstance porte sa peine avec elle-même; c'est le remords de ruiner un bonheur qui commence toujours par prétendre à l'éternité.

Pour Nancy, elle était calme et résignée. Lors même qu'Albert était absent, elle ne laissait pas échapper une plainte, et la pâle maigreur de son visage révélait seule les douleurs qui la ravageaient. Elle ne s'avouait pas encore la passion d'Albert pour madame de Sommerville, mais un instinct secret la lui murmurait tout bas. Elle se rappelait avec effroi les séductions de beauté, de cœur et d'esprit, qu'avait déployées Aurélie devant ce jeune homme, et bien qu'Albert eût déclaré le lendemain, à la Baraque, que cette femme lui déplaisait, et qu'il était résolu à ne plus la revoir jamais, Nancy avait compris vaguement que son ami cherchait à la tromper ou à se tromper lui-même. Pour moi, je voyais tout, et je ne pouvais rien ; madame de Sommerville ignorait, seule, le drame lamentable qui se passait dans nos cœurs, et elle interrogeait avec sollicitude le dépérissement de Nancy, ma tristesse et l'absence d'Albert.

— Que se passe-t-il entre vous ? me demanda-t-elle un soir que ma sœur était absente. Qu'est devenu ce bonheur dont vous m'aviez tant parlé, cette sainte affection qui vous liait tous les trois, cette gracieuse union qui vous souriait dans l'avenir ? Nancy dépérit de jour en jour ; l'éclat de la jeunesse a pâli sur ses joues, son front se plisse, et l'azur de ses yeux se ternit. Albert se retire de vous, et vous, Maxime, vous êtes sombre comme le donjon du château d'Anzème. Soyez donc heureux, mes amis; que je puisse mettre votre bonheur à la place de celui qui me manque! Voyons, qu'y a-t-il entre vous? J'ai pris ma part de vos joies, j'ai droit à partager vos douleurs. D'ailleurs, je suis votre mère, mes enfans; vous le savez bien, vous, Maxime!

Ces paroles me touchèrent. Je lui confiai comment Albert était revenu de Paris, abattu, découragé, flétri. Madame de Sommerville s'intéressa singulièrement à ces douleurs que je lui présentai cependant sans fleurs de poésie aucune : je comptais sur sa sévérité, et je ne trouvai en elle qu'une douce pitié pour Albert, qu'une indulgence plus que maternelle pour ses égaremens.

— Vous comprendrez aisément le reste, ajoutai-je. Albert est triste et nous évite. Sa tristesse navre ma sœur, sa froideur la tue, et moi, témoin de tous ces maux, je suis sombre, parce que je me sens inhabile à les guérir.

Mais Aurélie ne m'écoutait plus. Elle repassait dans son esprit tout ce qu'elle savait d'Albert, tout ce que je lui en avais dit, tout ce qu'elle en avait deviné.

— Oui, dit-elle enfin, en se parlant à elle-même, c'est une de ces ames venues trop tôt ou trop tard sur notre terre maudite. Pourquoi Dieu en les exilant leur a-t-il laissé un souvenir du ciel? Pourquoi a-t-il mis en elles cette soif brûlante du bien, si le désert où il les a jetées n'a pas de source pour les abreuver? Pourquoi des besoins si avides, s'il a soufflé la stérilité dans leurs champs? Pourquoi ces rêves de l'infini, dans ce monde égoïste et borné?

Vous demandez, Maxime, pourquoi ces ames se plongent avidement dans la douleur; c'est que la douleur seule n'a pas de bornes ici-bas; c'est qu'elle seule est infinie, c'est que dans son abîme sans fond nous faisons chaque jour des découvertes nouvelles. Le bonheur s'apprend si vite, on s'en lasse de même! Ses sentiers sont si frayés, si battus, si limités! Ceux de la douleur s'alongent incessamment sous nos pas, et nul voyageur n'en a trouvé la fin. Vous ne savez donc pas tout ce qu'il y a de séductions dans la souffrance? Qu'il est doux de la caresser, de la sentir grandir sous nos caresses, de la couver comme un trésor! Elle seule ne nous manque jamais; c'est notre amie fidèle, notre compagne de tous les instans; elle a toujours à nous confier quelque secret nouveau, quelque nouveau mystère. On sait le bonheur à vingt ans; on apprend toujours à souffrir.

— Madame, lui dis-je, Albert vous comprendrait mieux que je ne saurais le faire. Moi, je ne suis qu'un pauvre jeune homme; je cultive mes côteaux de blé noir, mes champs de seigle et de colza; je prie Dieu par mes actions, je soutiens ma sœur par mon travail. Lorsque ma sœur est heureuse, je suis heureux, et je ne me lasserais pas d'une éternité de ce bonheur. Pour la souffrance, Madame, je ne puis connaître ses joies ; je n'ai de douleurs que celles de Nancy.

— Maxime, me dit madame de Sommerville, vous valez mieux que moi.

— C'est que je sais moins que vous, Madame.

— Heureux donc ceux qui ne savent pas !

VII

Il arriva qu'un soir Albert attendit vainement derrière la haie du sentier ; madame de Sommerville ne revint pas. Le ciel était chargé de nuages, de vifs éclairs sillonnaient l'horizon, et Albert entendait autour de lui la pluie qui tombait en larges gouttes sur les feuilles. Il alla s'asseoir dans sa chambre devant un grand feu de bruyères; sa lampe brûlait sur la table, et ses deux chiens dormaient à moitié couchés dans les cendres. Albert était seul; sa nourrice était allée la veille à Saint-Léonard, pour soigner une de ses filles qui se mourait de la poitrine.

L'inquiétude et l'ennui le rongeaient. Il prit un livre et l'ouvrit. C'était *l'Émile* qui renfermait encore les fleurs desséchées d'Aurélie. Albert les porta à ses lèvres; puis, au souvenir de Nancy, il les froissa avec colère. Il voulut écrire, et il brisa sa plume. Il se jeta sur son lit et pleura. Ses deux chiens vinrent lui lécher les mains, mais il les repoussa avec humeur, et les pauvres bêtes s'en retournèrent, la tête baissée, s'étendre dans les cendres de l'âtre.

L'orage venait d'éclater. Le tonnerre roulait dans la nue, la pluie fouettait les vitres d'Albert, et le vent déchaîné dans les campagnes semblait devoir à chaque instant emporter la maison du sentier avec les bruyères déracinées de la montagne. Les tuiles du toit volaient en éclats, l'ouragan fracassait les grands arbres, et les torrens, grossis par l'eau du ciel, bondissaient sur le flanc des côteaux.

Albert écoutait avec joie ces cris de la tempête qui semblaient répondre aux agitations de son ame. Il allait s'endormir, bercé par les sifflemens de la bise, lorsqu'il se dressa tout-à-coup sur son lit, et ses deux chiens se levèrent en grondant.

— C'est le vent, dit Albert en retombant sur sa couche. Mais presqu'aussitôt plusieurs coups retentirent à sa porte, et les chiens se mirent à aboyer avec force. Albert s'élança de son lit, et courut ouvrir.

— Je viens vous demander l'hospitalité, dit une voix qui le fit tressaillir des pieds à la tête.

— Qui que vous soyez, répondit le jeune homme, en s'appuyant contre le chambranle de la porte, vous êtes le bienvenu chez moi.

Et lorsqu'il eut rallumé sa lampe, que le

vent avait éteinte en s'engouffrant dans l'appartement, il reconnut madame de Sommerville qui se tenait auprès de lui.

— Vous ici, vous, Madame! s'écria-t-il en reculant d'effroi.

— Oui, dit-elle, en se laissant tomber dans le fauteuil d'Albert; l'orage m'a surprise, comme je sortais de Saint-Léonard. J'ai cru pouvoir gagner Anzème; mais Cortès se cabrait à chaque pas, et refusait d'avancer. Tenez, le pauvre animal piaffe à votre porte; ne sauriez-vous l'abriter sous quelque misérable hangar?

Albert sortit pour lui obéir. Lorsqu'il rentra, madame de Sommerville avait quitté sa jupe d'amazone et présentait au feu ses mains glacées. Il ranima les cendres presqu'éteintes, jetta dans le foyer deux fagots de bois sec qui donnèrent bientôt une flamme joyeuse, puis il fit prendre à madame de Sommerville quelques gouttes d'une liqueur qu'il devait aux soins de sa vieille nourrice.

— C'est une hospitalité bien pauvre ! dit-il, en la regardant avec amour.

— Il n'est pas de pauvre hospitalité, répondit Aurélie.

Et comme Albert se tenait à quelques distance d'elle, et la couvait de son regard :

— Asseyez-vous donc près de moi, ajouta-t-elle ; la pluie tombe encore par torrens ; Frank est allé prévenir mes gens, afin qu'ils n'aient pas d'inquiétude ; laissons le vent siffler et causons.

— Pourquoi ne vous ai-je pas revu ? continua Aurélie, en le faisant asseoir auprès d'elle. Ne m'avez-vous point pardonné et m'en voulez-vous encore ? Soyez donc indulgent, Monsieur ! pourquoi délaisser vos amis ? pourquoi si triste et si sauvage ? Triste, vous qui commencez la vie, qui n'en savez rien encore ; vous, jeune homme, triste déjà ! Comment seront donc les vieillards ?

Albert s'enhardit et causa. Il conta son existence abandonnée, ses rêves de bonheur, ses

désenchantemens rapides. Il le fit avec charme.
Il parla de la solitude de son cœur, des élans
de son ame vers l'être mystérieux qui devait
lui révéler la vie : il le fit avec feu. Puis il
dit sa vie de Paris, ses luttes, ses misères,
et les froides réalités sous lesquelles il s'était
débattu vainement ; Aurélie fut émue. Ce n'é-
taient cependant que les éternelles lamentations dont nous fatiguons tous le ciel à vingt
ans ; mais il y a tant d'attraits pour les femmes
dans ces douleurs vulgaires, que pas une d'elles
peut-être n'a résisté à la séduction de consoler
un grand homme méconnu, et de venger un
Bonaparte bourgeois des injustices de la destinée.

Je ne sais rien de pernicieux et de fatal au
repos des ménages comme ces petits jeunes
gens qui trafiquent de leurs douleurs et s'en
vont partout, chantant le second livre de leur
Énéide à quelque Didon nouvelle, ou contant
leurs campagnes, comme Otello aux pieds de
Desdémone. C'est un système de séduction qui

manque rarement son but. Il y a tant de niaise
pitié, tant de crédule générosité dans le cœur
de la femme! Le malheur offre tant d'appâts à
ces ames faciles! Il est si doux pour elles de
guérir et de consoler, de fermer une plaie avec
une larme, de sécher des pleurs avec un sourire! Elles sont si fières de se poser rivales de
la fatalité, et de jouer pour nous le rôle de la
providence!

Madame de Sommerville s'abandonnait follement au dangereux plaisir d'écouter Albert.
Elle le voyait si jeune et si pressé de vivre, et
elle se sentait si vieille et si fatiguée de la vie;
son ame et sa beauté lui semblaient si flétries
et si impuissantes, l'une à ressentir l'amour,
l'autre à l'inspirer, qu'elle ne songeait pas
à s'effrayer du charme qui la suspendait aux
lèvres de ce jeune homme. Elle pleurait à ses
tristesses, souriait à ses ambitions naïves,
s'enivrait de ses moindres paroles, et le ramenait avec art au récit des mêmes faits où l'arrê-

tait avec sollicitude sur les détails qu'il n'allait qu'effleurer.

Albert, de son côté, s'enivrait du nouvel intérêt qu'il éveillait dans le cœur de cette femme. J'avais effarouché ses rêveries par ma rudesse; Nancy avait humilié sa douleur en ne la comprenant pas. Il trouvait enfin une nature pleine de sympathies pour la sienne, qui accueillait ses plaintes et choyait ses erreurs comme les travers d'un enfant gâté. Aussi, dès cet instant, son amour pour Aurélie ne connut plus de terreurs ni d'hésitations, et Nancy acheva de mourir dans la pensée de son ami, sans y laisser un remords ni peut-être un regret.

— Ainsi, dit madame de Sommerville, vous vous êtes élevé sans famille, vous avez grandi sans affections? Une mère ne s'est pas assise près de votre berceau, et jamais ses baisers n'ont essuyé vos yeux? Cela est bien triste, pauvre enfant!

— Vous me rappelez, répondit Albert, le

seul souvenir de bonheur que le ciel ait mis, comme un rayon de soleil, dans mon enfance. Un soir, (c'était comme à présent, vers la fin de l'automne) je jouais dans le verger avec la fille de ma nourrice, j'étais bien jeune alors. Mon père adoptif était à la ville, et ma nourrice tournait son rouet sur le pas de la porte. Vers la nuit, un étranger m'aborda avec curiosité, s'informa de mon nom, de mon âge, et m'entraîna, sous je ne sais quel prétexte, dans le sentier. Lorsque nous fûmes à quelque distance, je trouvai une carriole au fond de laquelle on me fit monter malgré mes cris. La voiture roula durant trois heures par une nuit obscure. Lorsqu'elle s'arrêta, je me sentis soulevé par deux bras vigoureux, et après avoir traversé de longs corridors noirs, je me trouvai tout-à-coup dans un salon, où je fus ébloui par l'éclat des lumières. J'allais m'esquiver par la porte entr'ouverte, mais elle se ferma sur moi, et une femme, que je n'avais pas aperçue en entrant, m'enlaça de ses bras et me couvrit de ses baisers, en m'appelant son cher Albert. Elle était belle comme vous, Madame, et sa voix douce comme la vôtre. Bien des jours ont passé depuis : mais je ne l'ai point oubliée, cette voix aimée qui n'a parlé qu'une heure à mon oreille, et qui est restée, comme une mélodie, dans mon cœur.

— Cette femme était votre mère? demanda madame de Sommerville.

— Elle m'appelait son enfant. Lorsqu'on vint m'enlever à ses caresses, elle me pressa convulsivement sur son cœur. — Mon seul bonheur! disait-elle en pleurant, te reverrai-je encore en cette vie, et si Dieu ne pardonne pas, nous retrouverons-nous dans l'autre? — Je sentais ses larmes couler sur mes joues, et les miennes coulaient aussi. On m'arracha de ses bras, et la même carriole me ramena, la même nuit, aux lieux où elle m'avait pris. Mon père adoptif qui n'était pas étranger, j'imagine, aux événemens de cette soirée romanesque, n'a jamais éclairci l'obscurité qui les enveloppaît, et je n'ai plus revu cette femme que dans mes rêves.

— Et n'avez-vous jamais tenté de retrouver les sentiers qui vous avaient conduit vers elle?

— Mille fois, mais toujours en vain : je ne reconnaîtrais pas même la demeure où je fus mystérieusement introduit. Mais si le hasard me ramenait dans ce salon où j'ai passé une heure à peine, je le reconnaîtrais infailliblement à sa décoration, dont les moindres détails sont aussi présens à ma mémoire, que si deux jours seulement s'étaient écoulés depuis cette nuit solennelle.

— Et ne l'avez-vous jamais maudite, cette femme qui vous a délaissée?

— Jamais! j'ai fait des vœux pour elle, afin que, séparés ici bas, nous pussions nous retrouver là-haut.

— Et si Dieu vous la rendait, ne la repousseriez-vous pas?

— Je lui dirais, à genoux, de me pardonner les pleurs qu'elle aurait versées pour moi;

mais Dieu ne me la rendra pas, Madame : c'est moi qu'il appellera vers elle.

— Morte ? demanda Aurélie.

— On me l'a dit ; et cependant l'espoir de la retrouver en ce monde ne s'est jamais éteint dans mon cœur. Oh ! Madame, qu'il doit être doux d'avoir une bonne mère !

— Oui : il est si cruel d'en avoir une mauvaise ! répondit Aurélie d'un air sombre.

Ils restèrent long-temps abîmés dans la mélancolie de ces souvenirs. Madame de Sommerville avait appuyé son front sur ses mains, et des perles humides glissaient le long de ses doigts ; était-ce la pluie qui découlait encore de ses cheveux mouillés par l'orage, ou des pleurs qui tombaient de ses yeux ? Albert la regardait en silence.

— Mais, Monsieur, dit-elle enfin, il y a bien après tout quelque ingratitude dans votre fait, et Maxime a raison peut-être. Votre enfance a été cruellement abandonnée, mais votre jeunesse a trouvé des amis, et vous les oubliez, il me semble. Vous entrez dans la vie, appuyé sur deux cœurs fidèles, et vous vous laissez défaillir ! Vous avez l'amour d'un ange et l'amitié d'un homme, et votre ame n'est pas satisfaite ! Je crains, mon enfant, que vous ne soyez ingrat.

— L'amitié de Maxime est bien rude, répondit Albert, et l'amour de Nancy....

Albert rougit et n'acheva pas; il demeura tout craintif sous le regard d'Aurélie.

— Eh bien ! oui, s'écria-t-il enfin, en se levant, oui, je suis ingrat, oui je suis bien coupable, et Maxime a raison. Vous aussi, condamnez-moi, Madame; je ne suis pas digne de votre affection. Repoussez-moi donc, vous tous qui m'avez aimé. N'étais-je pas maudit en naissant?

Oui, je souffre, oui, je suis malheureux. Pourquoi et qui pourrait le dire? Hélas ! je l'ignore moi-même; je ne sais pas le mal qui me consume; je suis malheureux de n'être pas heureux. Est-ce ma faute, si j'ai pris pour l'amour le besoin d'aimer qui tourmentait ma jeunesse ? J'aimais Nancy, je le croyais du moins ; pourquoi Maxime m'a-t-il exilé de ces campagnes ? J'étais si bon et si pur alors ! C'est Maxime qui m'a perdu.

Albert avait appuyé son front sur la pierre de la cheminée, et madame de Sommerville s'était approchée de lui pour le consoler.

—Vous qui m'accusez, ajouta-t-il amèrement, vous ne savez pas combien est terrible l'agonie d'un amour qui s'éteint, vous ne savez pas qu'il nous brise de ses convulsions dernières, et que nous ne l'arrachons pas de notre sein sans qu'il emporte avec lui quelque lambeau de notre cœur saignant. Vous êtes sans pitié, Madame, et moi je suis bien malheureux !

—Oh! du moins, s'écria madame de Sommerville émue, en s'emparant de la main du jeune homme, vous aurez désormais une ame inquiète qui veillera sur vous sans cesse, une ame amie de vos douleurs, une destinée fraternelle qui réfléchira vos beaux et vos mauvais jours.

Albert, ne me repoussez pas ; ne soyez pas sans pitié pour vous-même.

A ces mots, Albert, éperdu, se retourna vers madame de Sommerville, prêt à tomber à ses pieds et à lui dire son amour ; mais la contenance d'Aurélie était si noble et si sereine, il y avait tant de confiance et de chasteté dans la tendresse qu'exprimait son visage, tout son aspect était si calme et si maternel, qu'Albert s'arrêta tremblant devant elle ; car telle était cette femme : si pure et si chaste qu'elle manquait de pudeur ; mais l'abandon de ses manières ne permettait jamais aucune liberté, et la réserve la mieux étudiée l'eût entourée de moins de respect que ne le faisait le laisser-aller de sa personne.

— Vous reverrez vos amis, dit-elle d'une voix caressante ; soyez bon avec ceux qui vous aiment. Ménagez le cœur de Nancy ; rendez justice à celui de Maxime. Et lorsque vous aurez des douleurs que l'un accueillera sans les comprendre, que l'autre comprendra sans les accueillir, alors venez à moi, ce cœur vous sera toujours ouvert. D'autres plus heureux vous apprendront le bonheur ; moi, je vous dirai la vie, je vous aiderai à souffrir.

Cependant le vent ne soufflait plus, la pluie avait cessé, et la lune livide se montrait à travers les nuages qu'elle bordait d'un pâle liseré d'argent.

— Il faut nous séparer, dit madame de Sommerville, en regardant le ciel.

— L'orage s'est apaisé bien vite, s'écria le jeune homme.

— Oui, dit Aurélie d'un air distrait, en revêtant son amazone. Je n'oublierai jamais votre bonne hospitalité.

— C'est l'hospitalité dont parle la fable, répondit Albert. Deux pauvres bûcherons ouvrirent un soir leur porte à un voyageur surpris par la tempête. Ils avaient jusque-là vécu pauvres et misérables, et la fable raconte qu'ils furent heureux le reste de leurs jours.

— Ne soyez donc plus triste, murmura madame de Sommerville d'une voix presque suppliante, en sortant de la chambre d'Albert. Vous ne serez plus triste, ajouta-t-elle, avec un ton d'autorité maternelle, en appuyant son petit pied sur la main du jeune homme; et, en s'élançant sur Cortès, elle baisa Albert au front. Albert voulut la presser dans ses bras; mais elle avait disparu comme une ombre, et il n'entendit pas même les pas du cheval qui s'enfonçaient sans bruit dans le sable humide du sentier.

— Pauvre enfant! se disait madame de Sommerville, en galopant vers Anzème; pauvre enfant, éprouvé si jeune, je serai ton amie. Je te soutiendrai dans ce rude pélerinage que tu commences à peine et qui va s'achever pour moi. Je signalerai à ton inexpérience les abîmes où tu te perdrais, et les rares ombrages sous lesquels tu pourras reposer ta tête. J'écarterai de tes pieds les ronces du chemin, et peut-être arriveras-tu au terme de la course moins fatigué et moins saignant que moi!

Et pendant que madame de Sommerville couvrait ainsi de la poésie du dévouement et du désintéressement de l'amitié, un sentiment plus vif et plus profond, Albert veillait, et son ame insatiable interrogeait l'avenir avec anxiété. Il se rappelait avec effroi la paisible tendresse de madame de Sommerville. Ce bienfait, qu'il eût envié la veille, ne faisait plus qu'irriter son impatience, et, las déjà de ces premières félicités, il s'élançait avidement vers des joies plus enivrantes.

Imbécile jeune homme! ne te hâte donc pas; encore quelques caresses, et l'on t'aura bien vieilli.

VIII

Le lendemain, et depuis, chaque jour nous réunit tous les quatre à la Baraque. Albert prenait, le matin, madame de Sommerville à Anzème, et tous les deux venaient passer la journée près de Nancy qui, consumée par une fièvre lente, ne pouvait plus aller au-delà du verger. Albert se montrait bon et affectueux pour elle, mais notre intimité se ressentait de la contrainte qui pesait sur nous tous.

Madame de Sommerville avait conservé, seule, la sérénité d'ame que nous avions perdue. Son cœur s'était usé sans retirer aucune leçon de la vie : son esprit avait gardé toute l'imprévoyance du jeune âge, et, simple et naïve comme un enfant ou comme un vieillard, elle ne soupçonnait pas plus l'amour d'Albert, qu'elle ne songeait à se préserver de celui qu'elle éprouvait pour ce jeune homme. L'avenir, le lendemain, elle n'avait jamais su ce que c'était. Créature mobile et passionnée, elle déployait follement sa voile au souffle capricieux de ses impressions passagères, sans qu'il lui vînt jamais à l'idée d'y obéir ou de s'en défendre. Dévoré de la soif de l'inconnu, la curiosité résumait sa vie tout entière. Aussi que d'affections avaient dû naître et mourir dans ce cœur, sans y laisser plus de traces que les nuages sur l'azur du ciel! Que d'amitiés

toutes faites sacrifiées à des amitiés à faire !
Créature bizarre d'ailleurs, elle avait trouvé le
moyen de se retirer du monde, sinon avec un
grand fonds d'expérience, du moins avec une
grande dose d'amertume, grâce à la merveilleuse facilité qu'elle avait de se croire trahie par
les amis qu'elle abandonnait. C'était toutefois
une belle et riche nature, chez qui le mal ne
résultait que de l'exaltation du bien : organisation complète si le cœur n'eût été misérablement appauvri par la tête. Mais l'imagination
de cette femme l'avait de bonne heure emportée
si loin au-delà du vrai, que les trésors de la
réalité durent bientôt ne plus lui suffire, et que
l'ennui dut développer, souvent jusqu'à l'ex-
travagance, l'instinct des grandes choses que
Dieu avait mis en elle. Organisation funeste
dans une époque où les grands vices et les
grandes vertus sont également impossibles !

Nancy, plus clairvoyante, s'apercevait bien de
l'amour d'Albert pour madame de Sommerville.
Mais elle ne se plaignait pas, elle : elle savait

souffrir et se taire. Jamais elle n'adressait de reproches à son ami, et lorsque celui-ci l'interrogeait timidement sur ses souffrances, elle ne répondait que par un mélancolique sourire.

La présence d'Albert aggravait son état : mais Nancy n'y eût pas renoncé sans mourir. L'infortunée espérait encore : vainement chaque jour ajoutait à son mal; chaque soir elle se disait : — Demain il m'aimera peut-être. — Elle était si prompte à s'abuser ! un sourire, un regard, un mot affectueux d'Albert assoupissaient tant de douleurs et réveillaient tant d'espérances ! Ah ! bien heureux les esprits rigides qui ont fait un crime aux amans délaissés de n'avoir pas compris et prévenu l'abandon qui les menaçait ! Ils ne savent pas combien est opiniâtre, énergique et tenace, l'amour dédaigné, cet amour odieux qui nous fait sans force et sans dignité, et ne nous laisse que la honte et le mépris de nous-mêmes ! Entêté et vivace, il s'attache, comme le noyé, à toutes les herbes du rivage : comme le condamné, il refuse de croire à l'arrêt qui le tue : il ne veut pas mourir. Sa vie c'est la tempête : un coup de vent l'abat, un rayon de soleil le relève : un flot le porte au ciel, l'autre le précipite et l'abîme.

C'était cette vie de hauts et de bas qui brisait ma sœur et l'inclinait vers le tombeau ; mais la mort ne l'effrayait pas. Chaque matin, assise devant la glace qui l'avait autrefois reflétée si fraîche et si belle, elle étudiait avec complaisance les ravages de la douleur sur sa pâle et maigre figure, et elle éprouvait une secrète joie à ne plus retrouver que l'ombre d'elle-même, à voir son teint livide, ses yeux ternes et ses lèvres flétries. Car tel est le dernier espoir des amans malheureux : ressaisir par la pitié le cœur qui leur échappe, ou mourir pour se venger de l'infidèle.

Albert ne se dissimulait pas la cause du dépérissement de Nancy. Il en souffrait sans doute : mais sa passion nouvelle ne lui laissait guère le loisir de s'occuper de toutes ces misères : envers tout ce qui n'est pas l'être aimé, c'est quelque chose de si égoïste et de si brutal que l'amour !

Pour moi, je sentais qu'avec la présence de ce jeune homme, il n'était pas de guérison possible pour ma sœur, et j'attendais avec impatience l'ouverture des cours à Paris. Lors de son premier départ, je n'avais intéressé que sa tendresse pour Nancy : cette fois, je ne m'adressai qu'à son amour pour lui-même. En lui rendant compte de la gestion de ses biens durant son absence, je lui montrai que les dettes de M. Saint-Estève avaient absorbé une partie de sa fortune et que le chiffre de ses revenus était bien au-dessous de nos présomptions antérieures ; la nécessité le pressait et le travail était pour lui une condition d'avenir.

Il n'y avait donc dans notre petite colonie qu'une seule existence qui ne fût pas réellement troublée : c'était celle qui les troublait toutes. Comme la pierre qui tombe dans un lac et en dépolit le cristal, madame de Sommerville avait pour jamais peut-être altéré la limpidité de notre bonheur : et cependant elle était le seul lien qui existât encore entre nous. C'était elle qui nous rassemblait chaque jour sous le même toit, elle qui ramenait Albert vers Nancy, elle qui faisait luire quelques éclairs de vie sur nos réunions silencieuses. Sans elle la position n'eût pas été tenable entre ma sœur, Albert et moi. Il s'était bien établi entre nous une convention tacite de ne jamais renier hautement les projets qui nous avaient souri ; mais cette convention jetait sur nos relations une contrainte qui les aurait rendues odieuses si madame de Sommerville ne nous l'eût fait oublier parfois ; sa présence soutenait notre intimité chancelante, et grâce aux charmes de son esprit, et à l'égalité de son caractère souple et conciliant, nous pouvions passer de longues heures ensemble, sans toucher à des questions délicates qui nous auraient blessés tous les trois.

Ce dernier lien se brisa.

Nous étions arrivés à la fin d'octobre. Nancy ne se levait plus : la fièvre avait pris un caractère plus grave, et nous ne quittions plus le lit de la malade. Chaque matin voyait Albert et Aurélie arriver à la Baraque, chaque soir les voyait se retirer ensemble. Chose triste à dire et qu'ils ne s'avouaient pas à eux-mêmes, c'est que la maladie de Nancy se prêtait merveilleusement aux intérêts de leur amour, et que dans la sollicitude que les conduisait près de ma sœur, se glissait imperceptiblement la joie de se voir à toute heure et de se retrouver tous les jours ! Chose triste, c'est que cet amour grandissait auprès de sa victime, et que la victime en suivait elle-même les progrès et le développement !

Il est vrai que devant moi les sympathies d'Albert et d'Aurélie n'osaient se révéler qu'à demi ; mais lorsqu'ils s'éloignaient le soir, lorsque, seuls au milieu des campagnes, ils allaient sous le ciel étoilé, entre les haies effeuillées du sentier, et que libres de ma froide raison, ils ne craignaient plus de la voir tomber lourdement dans la poésie de leurs discours ; oh ! alors que de sublimes aberrations, que de plaintes ascétiques, que de mystiques souffrances ne devaient-ils pas échanger dans le silence de nos nuits d'automne ! que de vagues regrets, que de confuses espérances, murmurés à l'ange de la rêverie ! Comme ces deux ames devaient s'étreindre et se confondre dans les mêmes joies et les mêmes douleurs ! s'égarer d'un même vol dans les champs parfumés de leurs songes ! Plus d'une fois les premiers feux du jour trouvèrent ces deux enfans errant encore sur nos coteaux, au milieu des brumes de la Creuse. Et madame de Sommerville s'étonnait, le lendemain, de ressentir des douleurs rhumatismales dans les deux épaules !

Eh bien ! nous touchions à la fin de l'automne, et durant ces courses nocturnes, qui eussent scandalisé toutes les pudeurs du département, l'amour d'Albert n'avait point osé se révéler à madame de Sommerville, et celui d'Aurélie ne s'était point encore révélé à lui-même. Ce n'était pas seulement sa timide gaucherie de jeune homme qui arrêtait l'aveu de la passion sur les lèvres d'Albert : c'était aussi un sentiment de réserve et de délicatesse qui lui venait du misérable état de Nancy. Et puis il y avait dans la tendresse de madame Sommerville quelque chose de si viril, que sa tendresse, à lui, en était effrayée.

Honteux enfin de son rôle d'enfant, il me l'a confié depuis, las de lutter et de souffrir, impatient d'amour, mais redoutant surtout de passer pour un sot, il fit un jour à son amour-propre, près de ma sœur presque mourante, le serment de tout déclarer le soir même à madame de Sommerville, en retournant à Anzème ; mais ce soir-là Albert retourna seul, et cependant le lendemain madame de Sommerville n'avait plus rien à apprendre.

La journée avait été mauvaise pour Nancy : sa tête était embrasée, sa voix brève, son regard brillant : l'air entrait avec peine dans ses poumons brûlés, et son pouls battait avec une rapidité effrayante; madame de Sommerville voulut passer la nuit auprès d'elle, Albert partit seul.

La soirée était humide et froide; l'hiver, qui dans nos contrées précède toujours novembre, blanchissait déjà nos campagnes.

Nous étions assis, madame de Sommerville et moi, devant le foyer où brûlait un ormeau tout entier. Nous étions seuls près de Nancy : sa nourrice, qui la veillait depuis plusieurs nuits, reposait; mes forces étaient épuisées par l'anxiété et la fatigue.

Madame de Sommerville était silencieuse. J'entendais le bruit monotone de la flamme, le cri du grillon dans les fentes de l'âtre, l'eau qui riait au feu dans la bouilloire, la bise qui pleurait aux portes. Mes pensées se troublèrent; un sommeil de plomb pesait sur mes yeux; ma tête s'appuya machinalement sur la pierre de la cheminée, mes bras tombèrent le long de mes flancs, et des images confuses glissèrent devant moi. C'étaient mes belles années qui passaient en habits de fête, mes jours sombres, en vêtemens de deuil. Je me retrouvais tout jeune, avec ma sœur, plus jeune encore, jouant, comme deux chevreaux, sur la pelouse du verger. Tous mes doux souvenirs s'arrêtaient pour me jeter des fleurs ; puis défilait le cortége plus long des souvenirs amers, mon père mort, ma sœur mourante, amour brisé, amitiés éteintes! Je voyais aussi les ombres de mes amis moissonnés à seize ans. — Armand, Alfred, mes amis, oh! mes frères, est-ce vous ? leur disais-je. Habitans du ciel, que venez-vous faire ici-bas ? — Nous venons essuyer tes larmes avec nos ailes, disaient-ils, parce qu'autrefois tu as pleuré avec nos mères. — Et ils me prenaient par la main pour m'enlever avec eux.

Au milieu de ces hallucinations, je crus entendre la voix de Nancy, et les fantômes évoqués par mon cerveau malade s'évanouirent : mais ma tête que j'avais péniblement soulevée se pencha sur le dos du fauteuil où j'étais assis : mes yeux fatigués clignèrent douloureusement à l'éclat de la flamme, et je retombai dans cet état qui est à la fois la veille et le sommeil : mes facultés veillaient dans mon corps endormi.

Au cri plaintif poussé par ma sœur, madame de Sommerville alla s'asseoir à son chevet.

— Où est Maxime? demanda Nancy d'une voix faible, sans entr'ouvrir ses lourdes paupières ni soulever sa tête appesantie.

— Il repose.

— Et Albert?

— Il est parti.

— Et Aurélie? demanda-t-elle encore, après un long silence.

— Elle est près de vous, mon enfant.

Nancy se dressa brusquement, et regarda madame de Sommerville avec des yeux hagards; puis elle murmura des paroles que je n'entendis pas. Il y eut encore un long silence, durant lequel elle fut en proie à une agitation violente : lorsqu'elle eut retrouvé un peu de calme, elle attira Aurélie vers elle, et lui jetant au cou ses bras blancs et amaigris :

— Avant que je meure, pardonnez-moi ! dit-elle, en cachant dans son sein son visage baigné de larmes.

— Vous pardonner ! et quoi donc, pauvre ange ? Dieu lui-même, pour vous accueillir, n'aurait pas besoin d'indulgence.

— Ne dites pas cela ! dites-moi que vous me pardonnez.

— Chère fille, tu sais bien que mon cœur est pour toi tout amour et tout miséricorde.

— Ne dites pas que vous m'aimez, je me fais horreur à moi-même.

— Nancy, ma fille, ma chère bien-aimée !

— Grâce, Aurélie, grâce pour moi ! j'ai tant souffert par vous, c'est par vous que je meurs ; pardonnez donc si je vous ai maudite.

— Maudite, enfant !

— Maudite, et je vous hais ! ajouta la malheureuse, en cachant sa tête sous la couverture qui étouffa ses cris et ses sanglots.

Aurélie la découvrit, et la ramenant vers elle :

— Tu m'as maudite, moi qui t'ai bénie! Tu me hais, moi qui t'aime! Tu meurs par moi, par moi qui donnerais ma vie pour rendre à la tienne tous les trésors de la jeunesse! C'est la fièvre qui t'égare, et cependant tes paroles font mal.

— J'ai toute ma raison, dit Nancy d'un air sombre ; ne le sentez-vous pas à mes pleurs? ajouta-t-elle en portant à ses yeux la main tremblante d'Aurélie.

— Mon Dieu! qu'ai-je donc fait? demanda Aurélie avec inquiétude.

— Vous avez mis dans mon sein un serpent qui me ronge le cœur.

— La fièvre vous rend folle.

— Non : c'est la jalousie qui me tue.

Ce fut pour Aurélie la foudre qui frappe et qui éclaire.

— Jalouse ! s'écria-t-elle en joignant les mains, vous jalouse !

— De vous.

— De moi, vieille et flétrie !

— Je suis donc bien jeune et bien belle ! demanda froidement Nancy en approchant son visage de la lampe qui brûlait auprès d'elle et en écartant avec ses doigts décharnés les cheveux qui voilaient son front ; voyez, Madame, voilà votre rivale : c'est vous qui l'avez faite ainsi.

Madame de Sommerville poussa un cri déchirant, et sentant ses jambes se dérober sous elle et son cœur mourir dans sa poitrine, elle tomba, le front sur le lit, les genoux dans la poussière, et elle resta long-temps accablée, sous le regard étincelant de Nancy qui, dans un instant d'exaltation fébrile, laissait couler de son sein tout ce que deux mois de résignation y avaient amassé d'amertume.

— J'ai pris le deuil de mon bonheur, le jour où Albert vous a vue pour la première fois, dit-elle d'une voix grave et triste ; dès ce jour, Albert vous aima.

— Albert ne m'a jamais aimée.

— Il vous aima, poursuivit lentement Nancy ; cet amour que j'avais vu naître, je le vis grandir sous mes yeux, et j'en étudiai les progrès sur ceux du mal qui me mène au tombeau.

— Albert ne m'a jamais aimée, répéta Aurélie avec désespoir.

— J'ai bien souffert, continua ma sœur avec une impitoyable persévérance ; n'être plus aimée de lui, ce n'était que la mort : mais ne plus vous aimer, mais sentir remuer en moi la jalousie, ce mal honteux qui salit toutes nos pensées, ce fut la perte de mon ame. Oh ! si vous saviez combien je me suis haïe de vous haïr, et que de fois j'ai senti tomber en pluie de feu sur mon cœur les malédictions que j'appelais sur votre tête !

— Votre haine n'était qu'une cruelle erreur. Ma fille, revenez à moi, qui vous suis amie et mère.

—Vous avez été sans pitié; chaque jour vous a vue, assise à mon chevet, enivrant Albert de vos charmes : oublieux de mes maux, l'ingrat ne vivait que pour vous, pour vous qui me faisiez mourir. Ah! vous ne m'avez pas épargné vos triomphes, Madame!

— Ma fille, revenez à moi! répétait Aurélie suppliante.

— Chaque matin nous trouvait tous les deux, vous plus belle et moi plus mourante; on eût dit que vous dérobiez ma jeunesse pour en parer vos grâces et votre esprit; ma jeunesse, mon seul trésor, à moi! Puisse l'amour d'Albert conserver la vôtre éternelle!

— Pauvre égarée! disait madame de Sommerville, en prenant dans ses mains les mains brûlantes de Nancy; Albert ne m'a jamais aimée.

— Il vous aime, vous dis-je, s'écria ma sœur, avec un mouvement d'impatience..... et vous l'aimez peut-être.

— Malheureuse, qui vous l'a dit? s'écria Aurélie, en se levant épouvantée.

— Vous l'aimez donc! murmura Nancy d'une voix étouffée, en tombant sur sa couche.

A la sombre lueur qu'avaient fait jaillir ces paroles rapides dans le cœur de ces deux femmes, chacune des deux infortunées venait d'entrevoir le complément de sa fatale destinée.

Ce n'est pas cependant que madame de Sommerville eût ressenti jusqu'alors un amour bien vif et bien profond pour cet autre enfant que nous nommons Albert. Non, elle ne l'aimait sans doute que d'une tendresse d'amie, exaltée parfois et pareille à l'amour, parce qu'il y avait de l'amour dans toutes les affections de cette femme.

D'où vient donc qu'une parole, jetée au hasard par Nancy, ait arraché à Aurélie un cri de passion et d'épouvante? D'où vient qu'un sentiment, jusqu'ici essentiellement maternel, se soit transformé dès lors en un amour impérieux et réel?

C'est que l'imagination vivement frappée enfante réellement les maux qu'elle redoute. Si madame de Sommerville n'eût pas prévu d'obstacles à sa passion nouvelle, si cet amour se fût présenté sous un aspect riant, avec des pentes faciles et des sentiers frayés, madame de Sommerville n'aurait point aimé Albert; mais, en l'aimant, elle enlevait l'amant à l'amante, elle ployait, comme un roseau, Nancy qu'elle avait appelée sa fille, elle semait dans nos existences le trouble et la désolation : elle eut peur de l'aimer, elle l'aima.

Nous sommes si fiers d'ailleurs d'attirer sur nous les malédictions d'en haut, notre vanité s'arrange si bien de nos douleurs, nous avons tous des prétentions si singulières au privilége du malheur, que madame de Sommerville éprouva peut-être un imperceptible sentiment de joie, en voyant que la fatalité ne s'était pas encore lassée de la poursuivre.

Cependant, la fièvre de Nancy redoublait; le délire s'était emparé d'elle ; je l'entendais chanter, la tête cachée sous l'oreiller, un chant lent et lugubre. Debout à son chevet, Aurélie se tenait comme l'envoyée de la mort. Ses deux bras étaient croisés sur sa poitrine, et sa grande ombre, qui se projetait sur le mur blanc, tremblait à la clarté vacillante de la flamme. Ces chants d'une mourante et l'ombre tremblotante de ce corps immobile me glacèrent de terreur, et je crus un instant que le délire de ma sœur était passé dans mon cerveau. Je voulais courir à elle, et je ne pouvais pas: une main de fer me clouait à ma place, et il me semblait que cette ombre qui dansait sur le mur se riait de mes vains efforts.

J'entendais, ou je croyais entendre (car je ne suis pas sûr que dans cette nuit mon imagination n'ait pas mêlé ses rêves à la réalité), des psalmodies qui se répondaient au milieu des plaintes du vent.

— Maudit soit le jour où une étrangère a franchi le seuil de notre porte! disait une voix.

— Maudite soit l'heure où je suis née! disait une autre voix.

Puis la première voix reprenait :

—Seigneur, je n'ai que seize ans, je ne voudrais pas mourir.

Et l'autre voix répondait :

—Seigneur, je suis bien vieille, appelez-moi à vous.

Bientôt je n'entendis plus rien, et je vis madame de Sommerville quitter le lit de la malade et s'avancer lentement vers moi. Dans la crainte que ma présence ne lui imposât désormais quelque embarras et quelque confusion, je feignis un profond sommeil; elle pencha sa tête vers la mienne, car je sentis glisser sur mon front son haleine embrasée; elle s'éloigna, et soulevant à demi mes paupières, je pus suivre ses moindres mouvemens.

Elle alla s'asseoir près de ma sœur et elle demeura long-temps à la contempler. Ensuite elle s'agenouilla et pria à voix basse; lorsqu'elle se releva, elle avait pleuré et elle était plus calme; elle s'appuya contre le lit, et après une heure de méditation silencieuse, elle dit :

— Lorsque la vase est à la source, tout le cours du fleuve est troublé : ainsi lorsqu'une coupable erreur a souillé la pureté de nos jeunes années, la vie ne reprend plus jamais son calme et sa limpidité.

Depuis que Dieu s'est retiré de moi, j'ai vainement cherché le bien ; je n'ai fait et rencontré que le mal. Il ne s'est trouvé que de l'absinthe dans les coupes où j'ai versé du miel ; là où j'ai semé le bon grain, je n'ai vu croître que les ronces.

Mon Dieu ! je n'avais donc pas épuisé votre colère ! Il restait donc au fond du vase quelques gouttes de fiel que je n'avais pas bues ! Vous qui avez vu mes fautes, vous avez vu aussi mes douleurs : vous savez que mon front a bien saigné sous votre couronne d'épines, que j'ai bien fatigué à porter votre croix. Voyez-moi, je suis lasse, mes pieds sont déchirés ; que ne me laissiez-vous reposer et dormir !

Vous n'avez pas voulu de moi, ma destinée

n'était point accomplie! Il a fallu que j'apportasse le trouble et le désordre sous le toit de ce pauvre ménage ; mon Dieu, que vous ont fait ces enfans? Ils vivaient si heureux, si purs et si unis! Pourquoi avez-vous permis que l'ange du mal se glissât parmi eux?

Long-temps encore elle demeura abîmée dans ses pensées : plus d'une fois ses lèvres laissèrent échapper le nom d'Albert : il y eut un instant où elle se leva avec colère ; par un brusque mouvement de tête, elle rejeta ses cheveux en arrière et pressant son cœur de sa main convulsive :

—Tu me trompais, murmura-t-elle: je te croyais mort, tu n'étais qu'endormi!

IX

Au point du jour, madame de Sommerville manifesta le désir de retourner à Anzème. Nancy dormait d'un sommeil plus tranquille : je la confiai aux soins de sa nourrice, et je me disposai à accompagner Aurélie. J'avais attelé la carriole : elle refusa d'y monter.

— Nous irons à pied, me dit-elle; la marche et le grand air me feront du bien. Hâtons-nous.

Nous partîmes. Aurélie allait si vite que j'avais quelque peine à la suivre. Une seule fois, durant le trajet, elle m'adressa la parole.

— Quand part Albert? me demanda-t-elle d'une voix brève, en s'arrêtant au milieu du sentier.

— Madame, lui dis-je, il faut qu'Albert soit à Paris le quinze novembre.

— C'est bien.

Et nous reprîmes notre course rapide.

Arrivés au château :

—Maxime, dit-elle, vous déjeunez avec moi : dans une heure vous serez libre.—Frank, tenez prêts deux chevaux à la grille : je pars dans une heure, et vous m'accompagnez. — Ne trouvez-vous pas, Maxime, qu'il fait une chaleur étouffante? — Frank, vous ferez servir le thé sur la terrasse.

Il faisait pour sûr un froid extrêmement piquant. Mais il y avait dans la parole d'Aurélie quelque chose de si impérieux et de si irascible, que je n'osai point ajouter un mot. Cependant, je me hasardai à la questionner sur son départ précipité.

— Vous allez sans doute à Glénis, et vous reviendrez ce soir? lui dis-je.

— Je vais au-delà.

— Votre absence sera longue?

— Peut-être. J'ai toujours eu une vive fantaisie de parcourir les rives de la Creuse. Ce pays est plein d'intérêt. Connaissez-vous Crozant? Avez-vous visité la vieille abbaye de Fongombeau, les amours du poëte? Il est vraiment honteux de vivre dans un pays dont on ignore les richesses.

— Mais, Madame, lui dis-je, c'est un périlleux voyage. L'hiver est partout.

— Moins ailleurs que dans mon cœur.

— Les sentiers sont impraticables; la Creuse aura débordé ses rives. Attendez le printemps.

— Non, dit-elle; Dieu, qui sait où je vais,

applanira les sentiers et retiendra la Creuse dans son lit.

Le thé fut servi sur la terrasse. Après le repas, qui dura cinq minutes, elle s'échappa, et revint au bout d'une demi-heure, vêtue d'une amazone d'hiver. Elle tenait à la main, en guise de cravache, un sarment, lisse et souple, qu'elle avait, durant ses voyages, dérobé au vallon de Sorrente. Je ne l'avais jamais vue coiffée, même à cheval, que d'un berret de velours écossais ou d'un chapeau de paille de Florence, doublé de taffetas bleu, sans voile; car elle offrait sans crainte à notre soleil indulgent son visage qu'avait brûlé le soleil d'Italie et d'Espagne. Cette fois, madame de Sommerville avait sur la tête un feutre gris, à poil ras, tel que nous les portions alors. Lorsqu'elle revint, ainsi faite, et que s'arrêtant sur le perron, elle contempla d'un air sauvage les côteaux désolés et les monts dont la cime blanchissait à l'horizon, elle m'apparut et si grande et si fière, je trouvai en elle tant de noblesse et de majesté, quelque chose à la fois de si viril et de si impérial, que je faillis la saluer avec les naïves paroles du Maure à la Vénitienne : — Salut! ô ma belle guerrière! — Cortès, qui l'aperçut à travers la grille, fit entendre un hennissement plein d'orgueil et de joie; mais Aurélie ne répondit que par un regard d'ineffable tristesse au tendre regard du noble animal.

Frank fut chargé d'aller avec les deux chevaux attendre madame de Sommerville à la porte de la garenne. Après avoir embrassé quelques-uns de ses vieux serviteurs qui pleuraient, comme si leur maîtresse eût été sur le point de s'embarquer pour une traversée de long cours; après avoir souri au vieil Hubert, qui était venu la haranguer, au pied du perron, sur l'inopportunité du voyage qu'elle allait entreprendre, Aurélie s'appuya sur mon bras, et nous allâmes rejoindre Frank.

— Vous porterez mes adieux à votre ami, me dit-elle; mes regrets à votre jeune sœur, que j'abandonne bien malade. Mais il fallait partir, et je pars. Que ma destinée s'achève !

Lorsque nous fûmes arrivés à la porte de la garenne, madame de Sommerville me dit :

— Si vous apprenez un jour que je vous ai fait du mal, que penserez-vous de moi?

— Que plus que moi vous aurez dû en souffrir et l'expier par vos larmes.

— Bien, Maxime. Donnez-moi votre main.

Elle pressa ma main avec onction, puis elle ajouta :

— Pensez-vous à cette heure que je sois une bonne ame?

— Une ame bien noble et bien grande, Madame !

— Dites bien tourmentée. Et n'avez-vous jamais imaginé dans votre cœur qu'une pensée ennemie de votre bonheur se soit parfois glissée sous quelque pli du mien?

— Oh! Madame, jamais !

— Embrassez-moi, Maxime.

Je la pressai long-temps sur ma poitrine.

Enfin elle s'arracha de mes bras, et s'élança sur Cortès. Un instant après, Frank était en selle.

— A bientôt, n'est-ce pas? criai-je à Aurélie.

— Vous ne m'attendrez pas avant le quinze novembre ! s'écria-t-elle en partant au galop.

X

De retour à la Baraque, je trouvai Albert près de ma sœur. Nancy n'avait gardé qu'un vague souvenir de la nuit qui venait de s'écouler ; encore, ce souvenir lui semblait-il plutôt un écho de ses rêves qu'une impression laissée par la réalité. Lorsqu'elle apprit, en même temps qu'Albert, le départ imprévu de madame de Sommerville, une teinte rosée, presque imperceptible, colora la pâleur de ses joues, et son regard se fixa avec anxiété sur le visage du jeune homme. Sous ce regard inquiet et jaloux, Albert demeura indifférent et calme, et son impassible figure ne révéla rien de son ame. Il plaisanta long-temps, sans efforts et sans affectation, sur les fantaisies d'Aurélie, ne montra qu'une médiocre sollicitude pour les dangers de ce voyage improvisé au milieu des frimas, et s'informa, sans empressement, de l'époque probable du retour; et lorsqu'il reçut de ma bouche les adieux que madame de Sommerville m'avait prié de lui transmettre, lorsqu'il apprit que son retour à Paris précéderait celui d'Aurélie à Anzème, et qu'il ne devait plus revoir la femme qu'il aimait, l'expression de ses regrets fut si froide et si polie, il y eut dans tout son aspect et dans toutes ses paroles tant de réserve et tant de convenances, qu'en face d'une résignation si facile, Nancy se sentit inondée d'une grande joie, et que je doutai moi-même du nouvel amour d'Albert, sachant combien ce jeune homme, impatient, fougueux et colère, était inhabile à maîtriser les mouvemens de son ame.

Bien qu'il ne retrouvât plus Aurélie à la Baraque, il n'en fut pas moins assidu à s'y rendre lui-même, durant le peu de jours qui devaient précéder son départ. Il se montra pour ma sœur plein d'attentions affectueuses et de gracieuses prévenances. C'était moins que l'amour, c'était aussi quelque chose de plus tendre que l'amitié. Nancy, que ne torturait plus la présence de madame de Sommerville, reprenait à la vie, et tous les deux nous espérions encore; car l'espoir est comme ces fleurs qui croissent et s'épanouissent dans le roc battu par la tourmente; il fleurit dans les cœurs les plus dévastés.

Ces derniers jours furent employés à discuter les intérêts de l'avenir d'Albert. Je lui rappelai sans amertume les résultats de son premier séjour à Paris, et le suppliai de ne point user sa jeunesse en exaltations solitaires.

— Vous avez vu, lui disais-je, butiner dans les champs, les abeilles de nos ruches. Lorsque l'orage s'élève, et que le vent courbe les épis jusqu'à terre, chacune des travailleuses place un petit gravier sous son aile, et rentre, ainsi lestée, dans la ruche commune. Eh bien ! la jeunesse est comme ces abeilles, légère, mobile, allant à tous les vents, et le moindre souffle l'emporte et l'égare, si elle n'a pas mis sous ses ailes un gravier pour assurer son vol. Ce gravier, ce lest qui lui manque, c'est dans un travail austère que la jeunesse doit le chercher. Sans les études graves et sérieuses, elle va, incessamment ballottée par ses caprices et ses incertitudes, jusqu'à ce qu'elle tombe flasque et sans vie, de vigoureuse qu'elle était. Repoussez donc, ô mon ami ! les travaux frivoles, les faciles études, alimens des esprits débiles ; abordez vaillamment la science du monde réel; nourrissez-vous, comme Achille, de la moëlle des lions et des ours. Jeune que vous êtes, vous le pouvez encore; mais hâtez-vous, bientôt il ne sera plus temps. Vous êtes dans l'âge où la vie, ductile et malléable, se ploie à toutes les formes, est docile à toutes les empreintes; plus tard, cette cire, autrefois si molle et si tendre, vous la sentirez inflexible et rebelle, vous ne la pétrirez plus à votre gré, et lorsqu'un jour enfin, fatigué des formes incertaines qu'elle aura jusqu'alors affectées, vous voudrez la façonner en un buste noble et sévère, il arrivera que la cire résistera à tous vos efforts, et que, dans un moule sans grandeur, vous aurez coulé votre vie en un métal informe que l'acier le mieux trempé ni le plus fin diamant ne sauraient entamer. Oh! alors, ô mon fils! que nos regrets sont amers, nos remords poignans, notre humiliation profonde! Comme nous nous débattons avec angoisse sous la carapace d'airain qui nous presse de toutes parts! Comme nous nous retournons douloureusement vers le passé, comme nous nous écrions avec le poëte: — Oh!

si le ciel nous rendait les jours qui ne sont plus !
— Vains regrets, vœux inutiles ! le ciel est sourd, et nous traînons misérablement jusqu'au bout la destinée que nous nous sommes faite.

Albert m'écoutait docilement et me remerciait avec reconnaissance. Nancy mêlait de tendres prières à mes conseils, et son ami semblait les accueillir presque avec amour. On eût dit que la confiance et la joie étaient rentrées sous notre toit. Toutefois, il n'y eut entre nous ni retour vers le passé, ni espérances échangées dans l'avenir : pas un mot ne fut prononcé qui rappelât l'union que nous avions rêvée. Le bonheur seul d'Albert fut mis en jeu, et aucun de nous n'osa toucher aux liens qui, de nos trois destinées, ne faisaient autrefois qu'une seule. En apparence, ces liens n'avaient pas cessé d'exister ; mais au fond de notre cœur, nous les sentions bien relâchés, et près de se briser dans la main maladroite qui eût tenté de les resserrer.

Madame de Sommerville elle-même n'osa

jamais essayer de le faire; et en ceci elle fit preuve d'un tact exquis et d'une grande science du savoir-vivre. Lorsqu'une liaison touche au dénouement inévitable de tous les amours, il est bien rare que les amis qui ont assisté à ses développemens ne cherchent pas à prolonger son existence. Entraînés par de louables intentions, ils se posent en réconciliateurs entre les parties intéressées, et trouvent toujours le moyen d'envenimer les plaies qu'ils ont voulu guérir. Dans ces circonstances difficiles, les amis n'ont qu'un rôle à jouer; contempler silencieusement l'agonie douloureuse d'un bonheur qui s'éteint, suivre son convoi, et pleurer sur ses cendres.

Imprudens, ceux qui s'entêtent à renouer un amour brisé! Il en est de l'amour comme de ces tissus délicats qui, rompus une fois, ne sauraient, grâce au nœud le plus imperceptible, tromper la main qui les touche. Laissez entre vos doigts glisser ces tissus moëlleux; vous sentirez, malgré l'art, le défaut de la trame; ainsi, dans les amours renoués, le cœur, lorsqu'il se met à dévider le fil soyeux de ses souvenirs, sent bientôt l'aspérité du nœud qui le froisse et le blesse.

Nous parlions souvent de madame de Sommerville absente. Albert en parlait avec calme, Nancy avec inquiétude. Tous les deux cherchaient le motif de sa bizarre excursion, l'un sans intérêt apparent, l'autre avec une anxiété réelle. Moi qui savais les tourmens de cette ame agitée, je priais Dieu tout bas de faire aux pauvres voyageurs la bise moins cuisante et la neige moins glacée.

Le départ d'Albert était fixé au dix novembre : il devait être à Paris le quinze, pour prendre son inscription. Une année seulement s'était écoulée depuis qu'il nous avait quittés pour la première fois. En moins de douze mois, nos félicités avaient donc accompli leur cours ! Hélas ! qu'ils étaient loin déjà, les jours où, ma sœur et moi, nous vivions seuls, séparés du monde ! Jours sereins, beaux jours de retraite, de paix et de silence, qu'étiez-vous devenus ?

Le bonheur se retira de notre chaumière le jour où un étranger vint s'asseoir à notre table. Dès lors toutes les misères de la civilisation pénétrèrent sous notre toit; là où n'avaient jamais battu que des cœurs simples et bons, l'amour quintessencié, la jalousie, la défiance, vinrent s'établir; et des passions tumultueuses s'élevèrent entre ces lambris, encore tout imprégnés du chaste parfum de nos fraternelles tendresses.

Oh! le bonheur, mon ami, celui qui jaillit en flot limpide et frais de l'union de deux ames, si vous le trouvez jamais, cachez-le bien au fond des bois, dans quelque profonde solitude! Préservez-le des regards de la foule, laissez-le couler sans bruit et se perdre ignoré sous la mousse; n'invitez aucune ame étrangère à venir s'abreuver à ses eaux. Ces eaux sont amantes de l'ombre et du mystère, et le cristal de leur source s'altère sous les lèvres les plus amies et les plus pures.

Albert allait partir, enfin. Quelques jours

encore, et sa présence ne soufflerait plus, dans le cœur de Nancy, la flamme qui le dévorait, et cette flamme, sans aliment, pourrait s'éteindre d'elle-même. Ce jour que redoutait Nancy, que j'appelais de tous mes vœux, qu'Albert entrevoyait avec indifférence, arriva.

La veille de son départ, mon pupille n'était pas venu à la Baraque : son absence nous étonna peu. Les soins et les ennuis qu'entraîne nécessairement tout voyage l'excusèrent auprès de Nancy.

Le lendemain, la matinée était fort avancée, et Albert n'avait point paru. Nous commencions, ma sœur et moi, à concevoir de vagues inquiétudes, et je me disposais à partir pour la maison du sentier, lorsque nous entendîmes crier le sable de l'allée qui s'étend sous nos fenêtres. Nancy ne reconnut point le pas de son ami, et se leva, tremblante, sur son lit. Troublé moi-même par je ne sais quels pressentimens, je m'élançai à la rencontre du nouveau-venu, et me trouvai face à face avec lui sur le seuil de la porte. C'était un paysan d'Anzème, au visage niais et sinistre.

— Où est Albert? demandai-je, effrayé.

Le rustre ne répondit pas ; mais tirant gravement une lettre de sa poche, il me la remit et s'éloigna.

Je reconnus, à la suscription, l'écriture d'Albert. Je brisai le cachet ; je déchirai l'enveloppe, et près de lire, je me recueillis un instant. Je sentais une sueur froide qui découlait de mon front et plaquait mes cheveux à mes tempes. Je la lus enfin, cette lettre, et je puis vous la dire, car je ne l'ai pas oubliée.

Elle était ainsi conçue :

XI

« Maxime, je ne partirai pas. Cette résolution n'est pas récente ; elle n'a été conçue ni par la passion ni par le caprice. Long-temps combattue, elle est depuis long-temps arrêtée, et les retards que j'ai mis à vous la faire connaître témoigneront assez de la longue lutte que j'ai dû soutenir, avant d'arriver à vous dire, à vous dont je connais les idées absolues, à vous, ami, dont j'ai éprouvé la sensibilité, dont l'affection est mon bien le plus cher, à vous, Maxime, le frère de Nancy : Je ne partirai pas.

» Maintenant, je ne balance plus, je ne me rétracterai point. Vous sentez que j'ai de la force, puisque j'en ai trouvé contre mon cœur, quand il parlait pour vous. Aussi, n'est-ce pas pour prévenir vos objections que je veux vous exposer les motifs qui m'ont décidé : ce n'est pas non plus dans l'espoir de conquérir votre approbation au parti que j'ai pris. Je désire uniquement vous convaincre de la bonne foi que j'ai mise à me convaincre moi-même, et vous voir bientôt persuadé que je n'ai pas soumis ma destinée à des fantaisies d'enfant et de poëte. Placez-vous à mon point de vue, et mes répugnances pour la vie que vous voulez me faire vous paraîtront rationnelles : descendez en moi, vous les trouverez invincibles.

» Vous m'avez envoyé à Paris, quoique je pressentisse les dégoûts qui m'y attendaient. Comme un père dont la tendresse fait la force, vous n'avez écouté ni mes regrets ni les vôtres; vous m'avez dit : — Partez. — Je suis parti.

» Vous savez quelle fut ma douleur, quand je dus vous quitter; la vôtre, mon ami, mal comprimée par toute votre énergie, éclatait malgré vous et me pénétrait. Rappelez-vous combien tous trois nous avons souffert : pensez au sacrifice que pour vous, pour elle, je me suis alors imposé, et vous comprendrez que j'aurais le courage d'en accomplir un second, si je me sentais la force d'en atteindre le but.

» Mes lettres vous ont exprimé le découragement et la tristesse où me plongea d'abord mon isolement à Paris. Vous-même, abandonné dans ce désert incommode et bruyant, vous avez senti comme moi ce serrement de cœur, ce poids étouffant qu'on n'allége que par la dissipation ou le travail. J'ai méprisé le premier de ces deux remèdes, j'ai promptement reconnu l'insuffisance du second : dès lors, je me suis fait à cet état de souffrance, je l'ai accepté comme normal, et embrassant l'étude pour son but et pour elle-même, je me suis plongé avec résolution dans les recherches arides du droit. Mais en vain m'efforçais-je de m'exalter leur importance, en vain me répétais-je ces adages vulgaires : — Orphelins protégés, opprimés défendus. — Mon indifférence naturelle devint bientôt un dédain raisonné, et cette fois encore l'expérience sanctionna en moi un préjugé.

» Je me sentais d'ailleurs médiocrement attiré par cette profession de l'avocat, qui une année auparavant m'apparaissait encore si noble et si glorieuse : la révolution de Juillet venait de porter un rude coup à son indépendance. Je voyais tomber chaque jour au pouvoir des hommes dont la voix libre et fière avait jadis fait battre mon jeune cœur; je les entendais renier sans honte les principes qu'ils avaient autrefois proclamés sans crainte, et la profession qui les avait élevés si haut pour les jeter si bas, ne me sembla bientôt plus qu'un vaste champ ouvert aux ambitions déshonnêtes, qu'une tribune offerte aux subtilités de la pensée et à l'abus de la parole. Souvent, depuis mon retour, nous avons discuté ensemble la valeur morale et sociale de toutes les carrières ouvertes au légiste : tout ce que j'en ai dit alors a dû vous préparer à la déclaration que je fais aujourd'hui de n'en pouvoir embrasser aucune ; je veux espérer, Maxime, que mes allégations vous auront convaincu, sinon de l'infaillibilité de mon jugement, du moins de la droiture de mes principes.

» Résolu à abandonner l'étude des lois, je compris que j'avais eu tort de m'être décidé sans avoir choisi, et pour ne pas prolonger, en essais infructueux, le temps de mon épreuve, je voulus consacrer le reste de l'année à l'examen minutieux de toutes les parties de notre édifice social. Pendant huit mois, mes jours et mes nuits furent dépensés en ces tristes recherches.

A chaque investigation nouvelle, j'espérais voir surgir une spécialité, une aptitude, une tendance; pas une ardeur ne s'alluma, pas une voix ne s'éleva en moi, ou plutôt, mon ami, toutes les ardeurs me dévorèrent, et j'entendis à mes oreilles bourdonner un millier de voix. Toutes les gloires m'appelaient, me souriaient, me jetaient des fleurs : peintre au Musée, poëte au théâtre, tribun à la Chambre, guerrier au Carrousel, lorsque les étendards passaient au bruit des cymbales militaires, j'étais tout. — Hélas! je n'étais rien.

» Ne me dites pas, mon ami, que huit mois sont insuffisans pour de si graves observations : vous savez qu'à Anzème je n'étais pas resté tout-à-fait étranger au mouvement intellectuel de l'époque. Religion nouvelle, réformes poétiques et sociales m'avaient vivement préoccupé; je connaissais les systèmes, les livres, les programmes; il ne me restait plus qu'à juger les pontifes, les poëtes et les législateurs, qu'à compléter l'examen des choses par celui des hommes : cet examen ne fut fertile qu'en désenchantemens de tout genre.

» Je luttai cependant. Tantôt le but des travaux que je m'imposais m'aveuglait sur mon impuissance; tantôt, quand elle m'apparaissait, je me faisais un devoir de combattre avant de me déclarer faible. Ainsi dans la solitude et dans la misère, au milieu des agitations du cœur, des tentations du suicide, des aspirations ardentes vers les joies inconnues de la vie, j'ai tout tenté, tout essayé, et toujours je me suis senti glisser rapidement le long de la pente que je m'efforçais de gravir.

» Je n'accuse ni le siècle, ni la destinée, ni personne : je n'accuse que moi. Cependant, si Dieu m'eût fait naître en ces temps de calme et de recueillement où chaque destinée peut s'asseoir à la place qui lui fut réservée, où chaque existence a sa part de biens et de maux sur la terre, peut-être alors, avec la conscience pure et les intentions ferventes qui m'animaient, eussé-je pu produire les œuvres dont j'avais le sentiment, et m'élever par la patience, le travail et la volonté, à un rang digne de mes vertueuses ambitions. Mais que faire en ces âges d'incertitude où tout se confond, quand nous naissons pressés et agités, comme un essaim éclos de la veille dans une ruche trop étroite pour la contenir? Que faire, lorsqu'on se sent porté, poussé, ballotté par une foule avide et désordonnée? Lorsque le sort nous prend par les cheveux, sans choix et sans réflexion, pour nous élever au pinacle ou nous précipiter dans l'abîme? Quel homme assez robuste pour se frayer un chemin dans cette cohue? Quelles épaules assez fortes pour fendre la presse? Quelle tête assez élevée pour surpasser toutes ces têtes?

» Je n'avais pris à Paris aucune résolution. Je voulais juger de loin tout ce que j'avais envisagé de près. J'accusais de mes antipathies et de mes répugnances l'état de mélancolie amère où m'avait jeté cette vie tumultueuse, et j'espérais du retour à mes douces habitudes, du bonheur de me retrouver près de vous, de l'influence attendrissante des lieux aimés, ma réconciliation avec les hommes, avec les choses et avec moi-même. Je revis donc nos bois et nos montagnes ; je vins redemander aux champs où je m'étais élevé la joyeuse confiance de mes belles années.

» Le premier effet de tout ce bonheur retrouvé fut de me faire haïr la vie nouvelle qui me l'avait ravi. Mais ensuite, la réflexion me fit entrevoir une vérité que le rigorisme de mes idées m'avait empêché de saisir : c'est que dans chacune de ces voies encombrées de nullités fastueuses et de talens prostitués, un homme doué d'une organisation puissante peut marcher dans sa force et dans son indépendance, acquérir de la gloire et conserver sa propre estime. Mais je reconnus en même temps que sans les qualités qui constituent l'homme supérieur, le succès à des conditions honorables est impossible dans nos temps. Dès lors, je résolus d'examiner sans orgueil de modestie, sans hypocrisie d'humilité, si cet homme fort était en moi; et après avoir sondé tous les replis de mon cœur, mis à l'épreuve toutes mes facultés, fait jouer tous les ressorts de mon être, ma chétive et boiteuse nature m'apparut dans toute sa faiblesse. Maxime, savez-vous qui je suis? Quelque chose d'incomplet, sans vouloir et sans énergie, sans vices ni vertus, sans force pour le bien : un caractère inégal, un cœur avide de souffrances, une misérable créature, prompte au découragement et rebelle au bonheur: c'est là, Maxime, ce que vous avez aimé, ce qu'il vous faut aimer encore. Mais en aurez-vous le courage, et n'abandonnerez-vous pas celui qui s'abandonne lui-même?

» Ne m'encouragez pas. Je ne suis plus en défiance de moi-même : mon impuissance m'est démontrée. Est-il une épreuve à laquelle j'aie refusé de soumettre mon intelligence? N'ai-je pas tenté de me faire par la poésie une place à moi dans le monde, quand j'ai vu m'échapper tous les moyens réels de mériter votre sœur? Mais, comme tout le reste, je l'ai vainement essayé! La délicatesse des impressions que je recevais de Nancy, la religion de mon enfance dont le parfum est resté dans mon cœur, l'amour mystérieux que j'ai voué à ma mère inconnue, toutes ces perceptions d'une ame douloureuse et tendre, m'échappaient aussitôt que je voulais les saisir, et j'appelais en vain, pour les fixer, l'inspiration, le talent et le génie du poëte.

» Malheur à qui reçut trop pour l'obscurité, pas assez pour la gloire! L'homme incomplet traverse solitairement la vie. Il ne peut rien pour lui ni pour les autres, et son ame absorbe les rayons du ciel sans les refléter.

» Maxime, je ne partirai point, je n'irai pas grossir, à Paris, la foule des médiocrités qui se disputent pied à pied le terrain où elles fourmillent ; je vivrai et mourrai à Anzème. Je n'ai plus de désirs, je n'ai pas de besoins. J'aurai toujours assez pour vivre dans cette pauvre contrée. Qu'irais-je faire dans ce monde d'où il faudrait me retirer plus tard, la haine dans le cœur et l'invective sur les lèvres? Croyez-moi; mieux vaut le quitter de la sorte, sans regrets, mais sans aversion, l'ayant trop vu pour l'aimer et pas assez pour le haïr, que d'aller y traîner encore quelques années de lutte et de misère, pour en revenir, un jour, l'esprit morose et l'ame ulcérée.

» Plaignez-moi donc, ô mon ami! Vous savez si je vous aime, vous savez si j'apprécie le trésor que vous me réserviez; vous comprendrez que pour y renoncer il faut que je m'en croie indigne; vous sentirez tout ce que je souffre, et si vous me jugez coupable, vous songerez au bonheur qui m'était destiné, et vous me jugerez puni.

» Pour moi, je ne me plaindrai plus : je subirai sinon vaillamment, du moins avec résignation, la destinée que je me prépare : je gravirai solitairement mon calvaire, m'arrêtant parfois pour contempler à mes pieds la vallée où j'aurais pu vivre avec la jeune compagne de mon amour : je verrai s'élever à travers les arbres la fumée du toit domestique ; Nancy aura trouvé dans un amour plus digne les félicités que je n'ai pas su mériter : ses enfans joueront auprès d'elle : une autre image plus noble et plus chère aura depuis long-temps effacé la mienne dans vos cœurs, et vous, Maxime, vous donnerez à un autre qu'à moi le doux nom de frère que j'abjure à cette heure. Je verrai tout cela, et, consolé par le tableau de vos saintes joies, je reprendrai ma croix, et poursuivrai, sans murmurer, mon rude pélerinage. Dès aujourd'hui, je n'ai plus le droit de me plaindre, et je ne me réserve dans l'avenir que celui de vous aimer toujours. »

XII

Telle était l'épître que m'adressait Albert : j'en ai peut-être altéré le texte, mais ma mémoire vous en a transmis fidèlement le sens. Dans une autre circonstance, ces puérilités vaniteuses, résultat d'une éducation qui abrège l'adolescence au point de la supprimer, m'eussent fait sourire de pitié; elles m'accablèrent dans la circonstance présente. Je prévis aussitôt qu'il serait d'autant plus difficile de combattre et de vaincre l'obstination d'Albert à rester à Anzème, que le seul motif de cette résolution imprévue ne se trouverait jamais sur le terrain de la discussion. Ce motif délicat, le seul que la lettre de mon pupille n'ait pas cherché à faire valoir, vous l'avez imaginé sans doute; vous avez facilement aperçu, à travers ces verbeuses subtilités, le fil qui les mettait en jeu. Vous avez déjà prononcé le mot, que ne renfermait aucune de ces phrases, et qui, cependant, les expliquait toutes; vous avez, comme moi, saisi sous chaque ligne le nom qui s'y tenait caché; et si vous vous rappelez la froideur apparente avec laquelle Albert reçut auparavant la nouvelle du départ de madame de Sommerville, si vous vous êtes étonné avec moi de l'aisance insoucieuse que déploya alors notre impétueux ami, avec moi vous comprenez, à cette heure, que la résignation d'Albert n'eut rien de bien héroïque, résolu qu'il était déjà à ne plus quitter ces campagnes. Il savait que madame de Sommerville ne lui échappait que pour quelques jours, et que de retour à Anzème, elle n'aurait à regretter aucun de ses amis.

J'ai su plus tard ce qui s'était passé, durant ces derniers jours, dans le cœur d'Albert. Depuis long-temps, il caressait l'idée de ne plus retourner à Paris; cette idée qui ne lui était apparue d'abord que vague et indécise, au milieu des dégoûts réels qu'il avait rencontrés au début de la vie, prit une forme plus solide et plus nette le jour où il aima madame de Sommerville, et se fixa dans son esprit le matin même où je lui annonçai le départ d'Aurélie. Ce voyage, entrepris subitement sous le ciel neigeux de la Creuse, l'intrigua : il en chercha les motifs avec une secrète ardeur, et parmi les mille pensées qui vinrent l'assaillir, celle qu'Aurélie avait enfin compris l'amour dont il brûlait pour elle, et que son départ n'était peut-être qu'une fuite, flotta dans son cerveau, timide, mystérieuse, presque imperceptible, fumée légère de l'espérance, aussi insaisissable que la vapeur qui s'élève le matin sur les eaux.

La lettre d'Albert achevée, je rentrai près de Nancy, et j'inventai, pour la rassurer, je ne sais quel prétexte au séjour prolongé de mon pupille à Anzème : une discussion d'intérêts l'obligeait à retarder son départ de quelques jours ; sa présence était nécessaire à la légalité d'un acte ; je ne sais ce que j'imaginai. Nancy rassurée, je partis pour la maison du sentier ; j'avais à remplir, auprès d'Albert, mes devoirs d'ami, de tuteur et de frère.

J'appris, en arrivant, qu'Albert était absent, et qu'une semaine au moins s'écoulerait avant son retour. Il était allé la veille au château du jeune comte de..., qu'il avait connu dans la contrée, et tous les deux devaient se rendre à une chasse au sanglier dans la forêt de Champ-sanglard.

M. Auguste de ..., patricien ruiné, assez

mal vu dans le pays, depuis que sa fortune n'y faisait plus pardonner sa naissance, était un jeune homme d'esprit et de cœur, qui n'aurait jamais songé à se rappeler ses titres, si la tourbe insolente des nouveaux parvenus se fût résignée à les oublier. Comme madame de Sommerville, la révolution de Juillet l'avait pris parmi les vainqueurs pour le jeter dans les rangs des vaincus. Comme elle, il avait sacrifié sa foi nouvelle à la poésie du dévouement et à la religion du malheur ; mais lui, le noble jeune homme, avait en même temps délaissé son avenir, qui promettait d'être si beau, et le jour où il avait vu ses espérances s'accomplir, et la carrière s'ouvrir devant lui, large et belle, il s'était retiré de la lice, pour aller subir son nom dans le castel croulant de ses ancêtres.

C'était un jeune homme sceptique et railleur, qui n'avait de sympathique avec la nature d'Albert qu'un fond de mélancolie amère ; aussi ne s'était-il établi entre lui et mon pupille qu'une de ces liaisons où on échange plus d'idées que de sentimens, et où la distinction des relations supplée aux épanchemens du cœur : liaisons plus durables souvent que les amitiés elle-mêmes, parce qu'elles échappent à la vulgarité des rapports, fléau et mort de toutes les intimités. Auguste de... et Albert se recherchèrent pour se plaindre, et ce fut quelque chose de bizarre que la plainte de ces deux jeunes gens, accusant de concert la destinée, l'un parce qu'il n'avait pas de nom, l'autre parce qu'il en avait un grand.

Je revins presque joyeux de n'avoir pas trouvé Albert. Notre position à tous était si délicate, que je ne savais guère moi-même la contenance que j'avais à prendre et le rôle qui m'était réservé. Qu'eussé-je dit à Albert? Que sa résolution était folle et que la lettre qu'il m'avait écrite n'avait pas le sens commun? Il savait cela tout aussi bien que moi, sans doute. Que faire et que résoudre? Qu'allait-il se passer au retour d'Aurélie? Possesseurs tous les quatre d'un secret que chacun de nous était censé posséder à lui seul, quelles combinaisons, quels faits allaient jaillir du conflit de nos destinées? Madame de Sommerville oserait-elle reparaître à la Baraque? Accueillerait-elle Albert? Quelle serait la ligne de devoirs que j'aurais à suivre vis-à-vis de Nancy, de mon pupille et de madame de Sommerville elle-même? J'essayai long-temps de démêler les fils embrouillés de nos avenirs; puis, découragé de l'essayer vainement, j'abandonnai à Dieu le soin de nous tirer de cette situation difficile.

Il m'est souvent arrivé, mon ami, durant le cours de ce récit, de vous raconter des faits que je n'avais pas vus, des sentimens que je n'avais pas sentis. Ne croyez pas cependant que, comme le poëte, j'aie voulu me rendre maître du monde visible et invisible; à Dieu ne plaise! Je n'ai pas le génie qui devine et qui crée. Les développemens de cette histoire auxquels je n'ai pas assisté m'ont été confiés après leur péripétie, de même que, plus tard, nous nous sommes initiés les uns les autres aux sentimens et aux pensées secrètes que chacun de nous avait gardés mystérieusement dans son cœur. Ne vous étonnez donc pas si je vais vous conter encore des scènes dans lesquelles je n'ai pas même joué le rôle de comparse; oubliez un instant que j'aie été mêlé au drame lamentable que vous écoutez; considérez-moi comme une abstraction, imaginez que, seul sur ce perron, vous feuilletez les pages imparfaites d'un livre mal écrit, et ce poëme y gagnera peut-être, sinon plus d'intérêt, du moins plus de réalité.

Ici, Maxime s'interrompit; les souvenirs douloureux et les émotions poignantes que cette histoire réveillait en lui, le fatiguaient plus encore que la longueur de son récit. Son air était souffrant; de soudaines pâleurs passaient sur son visage, et son front se couvrait parfois d'une sueur brûlante que le vent glaçait presque aussitôt.

— Mon ami, lui dit le jeune homme, qui l'avait écouté avec recueillement, le vent se lève, et la brume du soir enveloppe déjà les peupliers de la Creuse. Je crains pour vous la fraîcheur de la nuit et l'humidité de ces rives.

— Vous avez raison, dit Maxime en se levant; le grand air m'épuise, et je sens que la parole sort avec peine de mon gosier desséché. Entrons dans le salon du château, notre présence n'y troublera personne.

A ces mots, il poussa la porte, qui céda au premier effort, et il introduisit son ami dans la salle des portraits de famille. Les volets étaient ouverts, et les rayons de la lune, qui glissaient çà et là dans l'appartement, détachaient en fleurs étincelantes les rosaces dorées des cadres gothiques, et décrivaient sur la tapisserie mille caprices de lumières, reposant mollement sur un Endymion endormi, ou enveloppant d'une robe d'argent Diane sortant du bain et changeant Actéon en cerf. Des amours qui se jouaient dans la rosace du plafond, soutenaient la tringle d'un lustre dont les branches en cristal s'épanouissaient dans l'air en gerbes éblouissantes. Les albums qu'avait feuilletés Albert couvraient la table du piano ; le rameau de vigne dont Aurélie se servait autrefois en guise de cravache était agrafé à la tapisserie ; un petit poignard au manche d'ébène qui avait protégé, sans doute, madame de Sommerville dans ses voyages, pendait à l'encadrement de la glace. Le piano était encore ouvert, et lorsque les deux amis s'arrêtèrent au milieu de la chambre, on eût dit, à voir leur terreur religieuse, que l'ivoire venait de faire entendre quelques notes plaintives, ou que leur présence avait fait envoler les blanches ombres de Nancy et de madame de Sommerville.

Maxime ouvrit une porte qui se trouvait cachée par la tapisserie dans le fond du salon : cette porte donnait dans la chambre à coucher de madame de Sommerville, et tous les deux pénétrèrent religieusement dans ce sanctuaire qui respirait encore tout le luxe du siècle de Louis XV, mais que madame de Sommerville avait sanctifié par ses larmes.

La corniche du plafond, s'arrondissant aux angles et formant comme une corbeille de fleurs et de palmettes, s'étalait en arabesques, en festons et en entrelacs. La rosace était décorée d'ornemens historiés pareils à ceux de la corniche.

Les parois des murs, revêtues dans la partie inférieure d'un lambris d'appui en bois peint en ton de grisaille, étaient tendues de lampas chargé de pagodes, de kiosques, d'arbres, d'oiseaux, d'Indiens rouges sur un fond blanc.

La lune qui donnait en plein sur les grands carreaux de vitre des fenêtres à *la françoise*, faisait étinceler les moulures dorées des portes et des lambris, et permettait de saisir toutes les parties de l'ameublement.

La cheminée était grande et en marbre blanc veiné, la traverse du chambranle à renflement et en arc d'amour ; les jambages, tourmentés en console, se terminaient dans le bas par une griffe de chimère. La plaque de fonte, au contre-cœur de l'âtre, était aux armes de France. Au-dessus de la cheminée, s'élevait une glace peu haute, dans un cadre doré, formé d'entrelacs, de roseaux et de palmes sculptés. Au-dessus de la glace, un trumeau de peinture : c'était un coucher de soleil, rouge et criard.

Tous les dessus de porte étaient peints et représentaient des fêtes galantes, à la manière de Watteau, de Lancret et de François Boucher : là, des bergères-camargo en robe de satin et de moire, poudrées à blanc, avec paniers et tonnelets, talons rouges, corps de baleine lacé sur la poitrine, petit chapeau sur le coin du chignon et houlette en main ; ici, des bergers en casaque de velours gorge de pigeon et à pélerine, chapeau en lampion, perruque, cadogans et culottes, houlettes et flûtes de Pan ; plus loin, une bergère assise au milieu de ses moutons, et près d'elle un pastoureau lui offrant un nid de tourterelles. Il y avait aussi des animaux, des chasses, de la nature morte de Oudry; des enfans de trois à quatre ans, en habit à la française, épée et perruque, jouant avec un petit lapin blanc; des singes costumés, à la manière de Claude Gillot.

En face de la cheminée était un meuble de Charles Boule, surchargé de cuivreries et d'incrustations; sur la tablette de marbre, en brèche d'Alep, s'inclinait un grand miroir, dont le cadre entièrement doré se terminait par un fouillis de branchages, de nids, de tourterelles et de canaris sculptés.

Les fauteuils, bergères et sophas étaient en bois grisaillé et doré, garni en tapisseries à l'aiguille; le lit, en bois grisaillé et doré comme les fauteuils. Ses quatre montans d'angles s'élançaient en carquois pleins de flèches et en flambeaux d'hyménée. Une couronne de bois sculpté, suspendue au plafond, formant dais, laissait tomber tout autour de grandes courtines de velours cramoisi.

Sur une pendule de cuivre, qui décorait la cheminée, un amour, piqué par une abeille, se plaignait à Vénus, sa mère. La pendule était assise sur un socle de marbre blanc, entre des groupes d'enfans nus et d'amours, en biscuit de porcelaine.

Au milieu de la pièce, une torchère de bois doré supportait une girandole en cuivre, chargée de bougies. Des bougies chargeaient pareillement des bras de cuivre doré qui s'avançaient au-dessus de la cheminée, comme pour se mirer dans la glace.

Les tapis étaient de Beauvais, à personnages ; quelques portraits de Largillière pendaient çà et là aux tentures.

— Tout ce luxe, dit Maxime à son ami, ne convenait guère aux goûts simples de madame de Sommerville ; cette pièce d'ailleurs lui parlait trop vivement de sa mère, et ce souvenir était cruel à son cœur. Aussi bien des mois s'écoulèrent sans qu'elle osât y pénétrer; et elle ne s'y retira que lorsque le froid l'eut forcée de quitter la chambrette qu'elle avait choisie, à son retour, dans l'aile la plus sombre et la plus désolée du château. Venez, ajouta Maxime; rentrons dans la salle voisine; l'aspect de celle-ci me fait mal.

Ils allèrent s'asseoir tous les deux sur un divan, et Maxime poursuivit en ces mots le cours de cette histoire :

XIII

Ce fut le vingt novembre, par une soirée de neige et de glace, que deux voyageurs à cheval traversèrent au galop le village d'Anzème et s'arrêtèrent à la grille du château. Ils semblaient épuisés de fatigue, et des glaçons pendaient à la crinière de leurs chevaux. Au bruit du galop retentissant sur la terrasse, les gens de madame de Sommerville accoururent à la grille avec des flambeaux et reconnurent leur maîtresse. Tous l'entourèrent et se disputèrent ses mains engourdies par le froid; elle se retira dans sa chambre, dépouilla ses vêtemens humides, et enveloppée dans une pelisse de satin noir, elle réchauffa ses membres glacés devant un grand feu qui n'avait pas cessé de brûler, depuis le jour de son départ. Il y eut un instant où elle se regarda involontairement dans la glace qui surmontait la cheminée, et elle eut peine à réprimer un mouvement de stupeur et d'effroi.

Elle était bien changée! En moins d'un mois son teint s'était plombé, son front avait perdu sa pureté, et ses yeux leur éclat. Ses joues étaient creuses, son regard terne, ses paupières mâchées; une teinte jaune et maladive ridait les contours de ses lèvres décolorées; sa taille elle-même s'était courbée sous la douleur et sous la fatigue. Vingt jours à peine avaient donc flétri ce qui restait en elle de fraîcheur et de beauté. Ainsi vous avez vu nos campagnes se parer parfois, au déclin de l'automne, de l'aspect du printemps ; près de s'éteindre, le soleil jette encore sur elles de bienfaisantes ardeurs : les coteaux sont rians, les jeunes arbustes ont des pousses nouvelles, les fils de la Vierge se promènent dans l'air parfumé, et la nature croit un instant à son éternelle jeunesse. Mais à la première gelée, à la première bise de novembre, tout cet éclat pâlit et s'efface ; en une nuit les coteaux et les bois se sont dépouillés de leurs feuilles, les fils blancs qui glissaient hier sur un ciel gris de perle pendent humides aux branches décharnées, et vous êtes tout surpris, au réveil, de voir l'hiver dans ces campagnes où la veille encore semblait renaître le printemps.

Par la même soirée, quelques heures après le retour de madame de Sommerville, un voyageur entrait à pied dans le village ; un fusil à deux coups reposait sur son épaule, et deux chiens allaient à ses côtés. Son air était ferme et résolu, comme celui de tout homme qui marche, la nuit, dans des sentiers connus, avec un fusil sur l'épaule; car il n'est rien qui donne, la nuit, plus d'assurance à un homme naturellement brave, qu'une bonne arme, et la presque certitude que cette arme peut dormir tranquille dans la main qui la porte. Notre allure prend alors quelque chose de décidé et de fanfaron, et nous sentons en nous je ne sais quelle humeur belliqueuse qui nous fait appeler le danger, sans doute parce que nous sommes instinctivement sûrs que le danger ne répondra pas.

Le jeune chasseur avait bien d'ailleurs des sujets d'excitation plus réels. Il avait pendant trois jours couru le sanglier dans la forêt de Champsanglard, cherchant à oublier le tumulte de ses pensées dans l'agitation d'une vie active et turbulente. Ses joyeux compagnons de chasse qui l'avaient vu, lui le plus faible, et le moins habile, se montrer le plus ardent au courre, et jouer sa vie avec une intrépidité rare, avaient voulu, avant son départ, fêter son jeune courage. On s'était donc réuni dans le castel du comte Auguste, et là, grâce peut-être aux ruses ingénieuses de quelque nouveau Caleb, la santé d'Albert avait été bue durant tout un jour, au milieu des cris d'un enthousiasme toujours croissant. Vers la fin du repas, les têtes se trouvant échauffées par les fumées du vin et par la chaleur de la discussion, il fut parlé de madame de Sommerville, et déjà quelques paroles irrévérencieuses allaient être hasardées sur elle, lorsqu'Albert, se levant, le regard enflammé, et la main à son couteau de chasse, brisa son verre sur la table, et promit le même sort au premier qui oserait devant lui prononcer sans respect le nom de cette femme. Cette saillie chevaleresque et déplacée fut d'autant mieux accueillie, qu'Albert, bien que d'une constitution frêle et délicate, semblait alors assez disposé à tenir sa promesse. On l'entoura, on le félicita à demi-mot ; après avoir bu à son courage, on voulut boire à ses amours, et le jeune homme finit par comprendre qu'en se posant le champion de l'honneur outragé d'Aurélie, il avait, sans y songer, proclamé ses droits à le protéger hautement. Il s'en défendit avec chaleur, mais dès l'instant que la vertu de madame de Sommerville ne fut plus offerte en offrande qu'à la vanité d'Albert, Albert ne voulut tuer personne. Il entendit développer autour de lui des théories sur l'amour qui le firent rougir de sa pudeur, et l'on mit une bonne foi si prompte et si naïve à le croire l'amant heureux d'Aurélie, qu'il fut honteux de n'avoir point encore osé réaliser une conquête dont chacun lui faisait un aussi facile mérite.

Il se retira mécontent de tous et de lui-même. Il gravissait tristement le sentier montueux qui le ramenait à Anzème, lorsqu'une main s'appuya légèrement sur son épaule. Albert se retourna et reconnut le comte Auguste.

— Monsieur Albert, dit le jeune gentilhomme en se découvrant, j'ai des excuses à vous faire, et je vous prie de les recevoir. Croyez que j'ai souffert plus que vous de la scène inconvenante qui vient d'avoir lieu chez moi, et que j'ai été blessé profondément des allusions grossières qui vous ont assailli. Veuillez croire aussi que je ne suis pas resté indifférent à votre bonheur, et que si je n'ai pas mêlé mes félicitations à celles de nos compagnons, c'est que je n'ai pas voulu risquer ma branche de myrte dans le bouquet impertinent que ces rustres vous ont offert.

— Je vous jure... s'écria impétueusement Albert.

— Ne jurez pas, interrompit Auguste en souriant : je sais tous les sermens que vous allez me faire.

— Vous outragez, monsieur le comte, reprit Albert avec dignité, la plus pure de toute les femmes.

— Il faudrait pour cela, Monsieur, que votre amour fût un outrage, et je suis trop fier de votre amitié pour ne pas honorer toutes vos affections, quelles qu'elles soient.

A ces mots, Auguste de... salua poliment, et Albert poursuivit sa route; son pas était rapide et brûlait la distance. Il ne sentait pas le froid qui glaçait ses mains, ni le givre qui battait son visage, et il allait tourmenté par mille pensées inquiètes. La plus poignante de toutes était le remords d'avoir laissé supposer un bonheur qui n'existait pas; il commença par s'avouer que ce n'était rien moins qu'une infamie; puis il finit par se dire que le jour où il parviendrait à la possession de ce bonheur, l'infamie ne serait plus qu'une fatuité juvénile, qui trouverait grâce auprès des consciences les plus rigides et les plus timorées. Dès lors, il jura de conquérir le pardon de sa faute, se disant d'ailleurs que se prêter à une ovation avant la victoire, c'était s'engager solennellement à vaincre.

C'était dans ces dispositions d'esprit qu'Albert traversait Anzème, lorsqu'il crut reconnaître la trace des pas de Cortès sur le sentier blanchi par le givre et la neige. Il allait frapper à quelque mesure pour s'assurer du retour de madame de Sommerville, lorsqu'il fut accosté par Frank.

— Revenu déjà, Frank! demanda le jeune homme.

— Déjà, monsieur Albert! s'écria le serviteur d'un air contrit; on voit bien que vous n'étiez pas de la partie.

— Il paraît que le voyage a été rude?

— J'ai cru, monsieur Albert, que je recommençais la campagne de Russie; nous avons pendant près d'un mois couru dans la neige et la glace, vivant à la merci de Dieu.

— Mais ce voyage avait un but, j'espère?

— Oui, celui d'attraper des rhumes et des rhumatismes, répondit Frank avec humeur. Voyez-vous, monsieur Albert, Madame est bonne pour tous, bonne surtout pour ses pauvres serviteurs qui l'aiment autant qu'ils détestaient sa mère. Il n'est pas un de nous qui ne se jetât au feu pour elle : mais, ajouta-t-il à voix basse, en regardant si personne ne pouvait l'entendre, je crois qu'elle est un peu.....

La phrase resta inachevée, et Frank en compléta le sens en posant sur son front l'index de sa main droite.

— Crois-tu? demanda le jeune homme.

Frank pencha sa tête vers l'oreille d'Albert et y glissa ces trois mots : — Je le crois — de l'air profond et mystérieux d'un homme effrayé lui-même de l'importance de ses révélations.

— Eh bien! je m'en suis toujours douté, répondit avec sang-froid Albert, qui trouvait quelque intérêt, sans doute, aux indiscrétions de l'écuyer bavard.

— C'est que vous y voyez clair, vous! C'est que vous êtes un vrai savant, monsieur Albert! Croiriez-vous que, pendant un mois, Madame ne s'est nourrie qu'avec le pain des laboureurs, et qu'elle n'a dormi que sous leurs toits de mousse? Nous arrivions le soir, nous partions le matin; toujours en course, malgré vents et marées. — Madame, lui disais-je, vous ruinez votre santé ; vous vous tuerez, Madame ; conservez-vous pour ceux qui vous aiment !—Ah! bien oui! elle ne m'entendait même pas. Si je lui disais : — Madame, Cortès n'en peut plus, Cortès meurt à la peine ; Madame, vous crèverez Cortès ; — elle faisait siffler sa badine, et Cortès allait, léger comme le vent. Pendant un mois elle ne m'a parlé que pour me dire : — Frank, sellez les chevaux ; Frank, faites alonger le pas à votre bête ; Frank, nous partirons demain au point du jour. — Une seule fois, elle m'a dit : — Frank, vous toussez beaucoup. — Je crois bien que je toussais ; mais je n'y pensais pas, monsieur Albert ; je ne songeais qu'à elle ; j'aurais voulu pouvoir ajouter mes vêtemens aux siens, ou lui prendre sa part de neige et de froidure. Pauvre chère ame ! Un soir, au coin d'un feu de chaume, je l'ai vue pleurer. Ça m'a fendu le cœur !

— Comment va ta maîtresse ? interrompit Albert, qui ne voulait pas se laisser émouvoir.

— Bien. C'est une femme de fer.

— A cette heure, elle repose?

— Reposer, elle! Vous ne la connaissez guère; deux heures du matin sonneront à l'église d'Anzème avant que Madame ait achevé sa veille. Singulière femme! ajouta Frank, en se frappant de nouveau le front.

— Et toi, où vas-tu donc si tard?

— Vous m'y faites songer, s'écria Frank; Madame m'a envoyé chercher des nouvelles de mademoiselle Nancy.

Au nom de Nancy, Albert laissa échapper un mouvement d'humeur que Frank n'aperçut pas dans l'ombre, et tous les deux se séparèrent. Albert avait ralenti sa marche; il gagnait lentement la maison du sentier, réfléchissant à la relation, moitié burlesque, moitié touchante, du voyage d'Aurélie, et le soupçon qui n'avait d'abord illuminé son cerveau que comme un pâle reflet de la pensée sous laquelle s'était accompli ce voyage, prenait, à chaque pas que faisait Albert, une forme plus saisissable, et jetait dans son esprit un éclat plus net et plus sûr. Arrivé à sa demeure, il changea de costume et repartit pour Anzème. Quelles étaient les intentions qui le ramenaient au village ? Il ne le savait pas lui-même. Il obéissait à une inquiétude dévorante, sans chercher à s'en rendre compte ; il allait, entraîné par la fougue de ses désirs, aussi invinciblement qu'autrefois par le galop de Cortès.

Il traversa le hameau, et trouva la porte de la garenne fermée. Il escalada le mur, ensanglanta ses mains aux épines de la haie, et s'élança dans la grande allée. Rien n'exalte notre courage comme de voir notre sang couler : l'ardeur d'Albert se sentit doublée. Il marcha d'un pas hardi et ferme vers la porte de la terrasse ; Frank, qui rentrait, allait la fermer.

— Ouvre, s'écria Albert, c'est moi.

— Vous, monsieur Albert. Comment êtes-vous entré ?

— Qu'importe, puisque me voici ?

— Qui vous amène?

— Des affaires pressantes. Il faut que ce soir même je parle à madame de Sommerville.

— Madame sera agréablement surprise de votre visite, car elle vous croit parti pour Paris. Je vais vous conduire dans sa chambre.

— C'est inutile.

— Il faut que je vous accompagne; Madame attend des nouvelles de la Baraque.

— Je les lui porterai moi-même. Tu dois être épuisé de fatigue, mon pauvre Frank? Va donc reposer. Tout dort au château, et toi, tu veilles seul, toi qui n'as pas dormi depuis un mois, peut-être.

Frank laissa au jeune homme les clefs de la terrasse et de la garenne, et après lui avoir recommandé de jeter, en sortant, les clefs dans la grande allée, par-dessus la porte de la garenne, il gagna l'aile du château que madame de Sommerville avait destinée à ses serviteurs. Albert franchit en deux bonds les marches du perron, ouvrit la porte sans bruit, et pénétra dans ce salon. Il espérait y trouver Aurélie : son attente fut trompée. Madame de Sommerville, aux premiers froids de l'hiver, s'était retirée dans sa chambre à coucher, et Albert ne savait pas même dans quelle partie du bâtiment cette chambre était située. Découragé, il se laissa tomber sur le divan où nous sommes assis, et là, seul, dans l'obscurité, au milieu de cette salle humide et froide, il se demanda ce qu'il était venu faire en ces lieux, quel démon l'avait poussé vers Aurélie, et ce qu'il espérait d'elle; et à chacune de ces demandes, il sentit son courage faiblir et son exaltation tomber; bientôt il s'estima heureux de n'avoir pas trouvé madame de Sommerville, et il allait se lever pour la fuir, avec autant d'ardeur, peut-être, qu'il en avait mis à la chercher, lorsqu'une porte, qu'il n'avait jamais remarquée, souleva, dans le fond de l'appartement, la tapisserie qui la cachait, et Albert vit entrer une femme qu'il eut peine à réconnaître, tant il la trouva changée. Elle était enveloppée d'une pelisse de satin noir, et elle tenait à la main une bougie dont la clarté mate pâlissait encore la pâleur de son visage.

XIV

Je ne sais pas de remèdes moins salutaires aux maladies de l'ame que la fuite et la solitude. C'est au foyer même du mal qu'il faut combattre la douleur; c'est corps à corps qu'il faut lutter avec elle, pour la terrasser et la vaincre. A distance, elle grandit comme les arbres dans la nuit, elle se développe et devient solennelle, et plus nous nous éloignons des lieux où nous l'avons subie, plus son sceptre nous apparaît terrible. La solitude, sans Dieu, est amère à ceux qui pleurent : elle fait les larmes âcres, et les blessures de l'ame incurables. Combien ont fui, solitaires, le théâtre de leurs tribulations, qui n'avaient en partant qu'une égratignure, et qui sont revenus avec une plaie! Telle fut du moins madame de Sommerville. En cherchant à secouer son mal, elle n'avait fait que l'enfoncer plus avant dans son cœur. Sa souffrance s'était réellement accrue de toute l'importance factice dont l'avait d'abord revêtue son imagination, et son retour fut mêlé de plus de trouble et d'agitation que ne l'avait été son départ. C'est d'ailleurs un moyen peu sûr d'échapper à l'amour, que de fuir celui qui l'inspire; loin de son idole, l'amour s'exalte et se poétise. Présent, l'être aimé ne serait bientôt plus qu'une créature de chair et d'os, dont le cœur aimant se lasserait bien vite : l'absence le fait Dieu.

Madame de Sommerville était assise depuis plusieurs heures à la même place, immobile, rêveuse, inoccupée et comme affaissée dans un morne désespoir. Ce n'était pas seulement le remords de s'être jetée au travers de notre bonheur, qui assombrissait ses pensées ; elle songeait aussi à Albert, et peut-être ce souvenir l'absorbait-elle tout entière à lui seul. En rentrant au château, elle n'avait pas eu le courage de traverser le salon des portraits de famille, tout plein encore d'une trop chère image : ce courage, elle voulut l'avoir. Elle voulut revoir cette chambre où s'était jouée la première scène du dernier drame de sa vie, où elle avait senti son cœur se réveiller avant de s'éteindre à jamais ; elle voulut aller s'asseoir là où Albert s'était assis, redire sur le piano les chants qui l'avaient charmé, voir si si le parquet n'avait point conservé la trace de ses pas, écouter s'il n'avait pas laissé entre ces murs un faible écho de sa jeune ame. Puériles jouissances de l'amour, qui ne vous connaît pas ! Elle se leva, prit un flambeau d'une main, et de l'autre pressa le bouton d'une porte de communication entre ce salon et sa chambre. La porte roula silencieusement sur ses gonds. Aurélie s'avança lentement, déposa sur cette table la lumière qui brûlait dans sa main, et promena son regard autour de cette vaste salle, que la bougie éclairait à peine. Au bout de quelques instans, ce regard tomba sur Albert. Aurélie poussa un faible cri, s'empara du flambeau, et marcha brusquement vers Albert; et lorsqu'elle se fut assurée que c'était bien lui, et non son ombre, que tant de fois déjà elle avait vue passer jour et nuit dans ses rêves, la bougie échappa à sa main, et l'infortunée tomba sur le divan, demi-morte.

L'effroi d'Aurélie rassura Albert, acheva de l'éclairer, et d'enfant qu'il était le fit homme. Tant qu'il avait vu madame de Sommerville sereine et fraternelle, il n'avait osé chercher la femme sous les tendresses de la sœur; dès qu'il la vit tremblante, il triompha dans son cœur. Calme, Aurélie eût facilement maîtrisé les timides ardeurs de ce jeune homme de dix-huit ans : troublée, elle fut perdue.

Heureusement pour elle, notre ami n'était rien moins qu'un Don Juan, et s'il avait quelque habileté à se ménager des situations opportunes, je suis obligé d'avouer qu'il en profitait fort mal. Il releva froidement la lumière qui brûlait encore sur le parquet, et, après l'avoir placée sur la table du piano, il garda, devant Aurélie, une contenance assurée, mais respectueuse. Madame de Sommerville eut bientôt repris ses sens : elle n'était pas femme à se laisser dominer long-temps par une impression, quelle qu'elle fût.

— Vous m'avez effrayée, Monsieur, dit-elle enfin d'une voix altérée; vous étiez si loin de ma pensée !

— La mienne ne vous a pas quittée depuis un mois, répondit le jeune homme d'un ton de doux reproche.

— Je m'explique mal, dit Aurélie, en cherchant à vaincre son émotion : je m'explique mal, Monsieur, ou vous ne me comprenez pas bien. Je voulais dire que ma pensée vous cherchait loin de moi; je vous croyais parti.

— Vous aviez donc imaginé, Madame, que je pouvais m'éloigner de ces lieux sans laisser un dernier adieu aux personnes qui me les ont fait aimer, sans recueillir, à l'heure du départ, quelques paroles amies qui en eussent adouci l'amertume? Vous l'avez imaginé, sans doute, car c'est ainsi que vous avez fait, vous, Madame.

— Si vous saviez, Monsieur, combien j'en ai souffert moi-même, vous ne songeriez pas à vous plaindre de moi.

— Je ne me plains que de vos souffrances, Madame; et si j'avais le droit de les partager, je ne me plaindrais pas.

— Parlons de vous, Monsieur, de vos amis. Qu'importent mes douleurs? Parlez-moi de Nancy, de Maxime.

— Je n'ai pas de nouvelles récentes de nos amis, Madame; j'ai passé huit jours à Champ-sanglard et j'arrive. J'ai appris votre retour en traversant le village, et je me suis hasardé, malgré l'heure avancée, à venir m'informer de vous à vous-même.

— Je suis heureuse de vous revoir; je ne l'espérais pas. Je vous sais gré d'avoir retardé votre départ pour moi; mais vos études en souffriront peut-être. Ne deviez-vous pas être à Paris le quinze novembre? Maxime me l'a dit du moins, et je regrette que pour moi....

— Vous n'avez à m'exprimer ni remercîmens ni regrets. Je ne vous ai rien sacrifié, Madame; je ne partirai pas.

— Vous ne partirez pas! s'écria Aurélie avec stupéfaction.

— Non, Madame, répondit froidement Albert, je reste.

Madame de Sommerville redevint de nouveau tremblante, et Albert la tint à son tour palpitante sous son regard. Il s'enivrait du trouble d'Aurélie, il triomphait de la sentir femme, de la voir défiante et craintive, elle qui l'avait si long-temps humilié de sa confiance et de sa sécurité. On le craignait enfin, on fuyait sa présence, on avait peur auprès de lui! Il n'était plus cet enfant qu'on avait baisé au front par une soirée d'orage; il était homme, et cet homme d'un jour était peut-être moins heureux de se sentir aimé, que fier de sa toge virile qu'il revêtait pour la première fois. Ce fut cet orgueil qui offrit à madame de Sommerville des chances de salut, et qui faillit rejeter Albert dans le rôle qu'il jouait depuis deux mois; il était si infatué de son importance nouvellement acquise, qu'il ne chercha pas à la faire valoir, et que madame de Sommerville put reprendre une seconde fois l'assurance et le sang-froid nécessaires pour éluder le danger qui la menaçait.

— Vous restez! s'écria-t-elle enfin.

— Oui, Madame, je vous ai confié les désanchantemens de tout genre que j'avais rencontrés en entrant dans la vie; mon ame ne s'en est pas relevée et n'a plus le courage de les affronter de nouveau. Je n'en veux point à ceux qui m'ont poussé dans un monde pour lequel je n'étais pas fait : qu'ils me laissent donc rentrer en paix dans celui que je n'aurais pas dû quitter ! Oui, Madame, je reste; je ne partirai pas.

— Ecoutez-moi, dit madame de Sommerville d'un air si doux et si paisible, qu'Albert en fut effrayé; je vous suis attachée, vous le savez, Monsieur; vous savez que j'ai pour vous une tendre amitié; je vous dois donc, je me dois à moi-même d'éclairer votre inexpérience. Il m'en coûte sans doute de me séparer de vous, de vous séparer de Nancy — que vous aimez, Albert — mais j'aurai ce courage : vous partirez, mon enfant.

— Ne l'espérez pas ! s'écria le jeune homme.

— J'ai besoin d'espérer en vous ; laissez-moi croire que mon affection vous est chère et que vous saurez me sacrifier je ne sais quelles fantaisies de retraite et de solitude. Ne ferez-vous pas pour moi ce que je demande pour vous?

La voix d'Aurélie était devenue si tendre, son maintien si posé, sa contenance si parfaite, qu'Albert vit pâlir en moins d'un instant ses espérances, et qu'il perdit toute l'assurance qu'avait recouvrée madame de Sommerville.

— Vous partirez, poursuivit-elle; vous irez reprendre vos études et vos travaux. Vous ne laisserez pas se flétrir dans l'inaction les richesses que Dieu a mises en vous. D'ailleurs, vous êtes pauvre, mon enfant, et à un homme pauvre il faut une carrière.

— Je suis assez riche pour moi.

— Pour vous; mais pour les autres?

— Les autres ne m'ont rien donné : je ne dois rien à personne.

— Ne vous devez-vous rien à vous-même, ne devez-vous pas quelque chose à ceux qui vous aiment? Nous avons tous notre rôle à jouer ici-bas, Monsieur; chacun de nous a son sillon à tracer dans ce vaste champ de l'humanité, et Dieu nous tiendra compte un jour du bon grain et de l'ivraie que nous y aurons semés.

— Toutes les carrières sont encombrées, dit Albert; il n'y a plus de place au soleil pour les nouveaux travailleurs. Le mérite est étouffé, le talent méconnu; l'intrigue seule s'élève et culmine.

— Ceci est un vieux mensonge, imaginé par les oisifs pour consoler leur médiocrité, répondit Aurélie en souriant. Vous n'y croyez pas, vous, Albert; vous rougiriez bientôt de votre existence inutile, et moi, j'en rougirai peut-être.

— C'est que votre cœur n'est que vanité! s'écria le jeune homme qui sentit son sang lui monter au visage. Votre amitié superbe craindrait de se poser sur une tête pauvre et obscure. L'amour-propre est dans l'amitié comme la lie est dans le vin. Il faut à votre orgueil les séductions du talent et les prestiges de la gloire.

— Eh mon Dieu! qui vous parle de gloire? Le ciel m'est témoin que je ne l'ai jamais appelée sur votre jeune front. Elle nous enlève trop d'affections et nous suscite trop de haines. Elle nous change nous-mêmes, altère notre nature primitive et la pervertit. Elle nous condamne à l'isolement et ne nous laisse pas même le droit de nous plaindre; car trop souvent l'abandon n'est qu'une juste représaille. La gloire est un breuvage trop enivrant pour notre faible cerveau, et moi-même, qui me crois une bonne femme, je ne répondrais pas d'y résister, Monsieur! Ah! le monde est puissant! Si vous saviez que d'amis m'ont sacrifiée à leurs succès, que de nobles et belles créatures j'ai vu se perdre pour la vanité! Que de jeunes compagnes de mon enfance que je reconnaîtrais à peine dans la haute sphère où leur talent les a hissées, tant je les ai connues charmantes dans la métairie de leurs pères ou dans le castel ruiné de leurs aïeux! Allez, vivez sans gloire : ne soyez ni héros, ni tribun, ni poëte; soyez plus qu'un grand homme, devenez un homme utile.

— Toutes les carrières me sont fermées, dit Albert.

— Je n'en sais pas une qui ne vous soit ouverte.

— Eh! Madame, faut-il donc vous dire ce que

vous semblez ne pas vouloir comprendre? Avez-vous oublié qui je suis et à qui vous parlez? Ne savez-vous pas que je suis né proscrit et que la société me repousse?

— Mon pauvre enfant, les temps ont bien changé, dit tranquillement madame de Sommerville. Aujourd'hui la société ne repousse personne, et le mérite seul ennoblit. A cette heure, il n'y a de réellement proscrits en France que les titres et les armoiries. Votre rôle poétique est fini, et celui des grands noms commence.

— Vous avez trop d'esprit, répondit Albert, pour que j'essaie de lutter contre vous. Vous l'emportez, Madame; je partirai demain, et vous fais mes adieux.

Il se leva et salua madame de Sommerville avec une froide politesse.

— Demain! s'écria Aurélie qui, en revoyant Albert, avait éprouvé peut-être autant de joie que de terreur réelle, et qui s'effraya de trouver ce jeune homme si facile et si prompt à se laisser convaincre; vous partez demain, et ce sont là les adieux que vous me laissez! Mais vous n'y pensez pas, Monsieur.

— De quoi vous plaignez-vous, Madame? Mon départ n'est-il pas un hommage à votre sublime raison? Oui, je pars; oui, je vais souffrir dans ce monde où votre voix m'exile. Croyez-vous qu'il m'effraie et que mon courage recule devant aucun détail de ses amertumes? Je suis fait à la douleur et ne la crains pas. Pourquoi donc restai-je, et qu'avez-vous pensé? Que je sacrifiais l'espoir d'un avenir à des caprices d'enfant, à des fantaisies de retraite? Vous ne l'avez pas cru, Madame. Vous avez su lire dans mon cœur ce que moi-même j'osais à peine y lire : rêves d'un jour, bonheur évanoui! Pardonnez-moi, et adieu pour jamais !

— Vous ne sortirez pas! s'écria madame de Sommerville en se jetant devant la porte. Vous m'entendrez, vous saurez que mon cœur souffre plus que le vôtre de la necessité qui nous séparc. Vous m'entendrez, Albert; car je suis votre amie enfin : vous savez bien, Monsieur, que je suis votre amie, et que mon amitié vous pleure.

— Gardez votre amitié pour Maxime; je ne veux rien de vous, que l'oubli.

— Mais, Monsieur, que vous ai-je donc fait? demanda madame de Sommerville avec des larmes dans la voix.

— Ce que vous m'avez fait, Madame! Vous demandez ce que vous m'avez fait! Vous m'avez perdu; j'ai voulu vous fuir, vous êtes venue à moi : vous m'avez laissé entrevoir des félicités qui ne devaient jamais se réaliser; vous ne m'avez conduit jusqu'aux portes du ciel que pour me laisser retomber sur la terre. Ce que vous m'avez fait! Vous m'avez leurré de folles espérances, vous m'avez attiré vers la flamme qui devait me consumer : vous vous êtes jouée d'un faible enfant, vous avez essayé le pouvoir de votre beauté sur un cœur aimant et crédule. Vous avez éteint mon amour pour Nancy, et vous n'avez rien mis à la place du bonheur que vous m'avez ravi; et après m'avoir enlacé de vos liens, vous les avez rompus; après m'avoir appelé, votre voix me repousse et m'exile : voilà ce que vous avez fait !

— Monsieur, Monsieur ! je n'ai pas fait cela, s'écria Aurélie.

— Aviez-vous donc pensé, Madame, que je vous verrais impunément ? Que chaque jour je vous verrais plus belle et que mon cœur ne s'enflammerait pas ? Ne m'avez-vous jamais senti frissonner sous vos imprudentes caresses ? Mes regards ne vous ont-ils rien appris ? Mon bras ne tremblait-il pas sous le vôtre, lorsque nous revenions le soir ? Si mes paroles ne vous éclairaient pas, mon silence ne vous disait-il rien ?

— Monsieur, j'en atteste le ciel, je ne comprenais pas ! Je ne savais rien, je n'avais rien prévu, ni votre amour, ni ses tortures.

— Vous saviez tout, Madame, vous avez tout compris; ce n'est pas moi qu'on abuse ! Je conçois qu'il était doux pour vous de parler sans cesse de votre cœur usé, de votre vieille existence, et de faire en même temps sur moi l'expérience de vos charmes et de votre beauté, d'éprouver s'ils étaient aussi flétris et aussi impuissans que vous vouliez bien le dire....

—Assez, Monsieur, assez, épargnez-moi ! s'écria Aurélie en s'emparant des mains d'Albert encore toutes saignantes.

—Qu'était-ce, après tout, que le bonheur et le repos d'un pauvre jeune homme? Vous pouviez bien le sacrifier à une velléité de coquetterie, au plus léger de vos caprices ; il ne se plaindra pas, lui; vous avez ruiné son présent, désanchanté son avenir; qu'importe? Il aura servi de jouet à vos fantaisies ; il sera trop heureux ! Mais Nancy, Madame, mais Maxime, y avez-vous songé?

— Vous êtes donc sans pitié, enfin ! dit Aurélie, qui tenait toujours les mains d'Albert dans les siennes.

— De la pitié, Madame ! En avez-vous eu, vous, pour Nancy, pour nous tous, que vous avez immolés à votre vanité? En aviez-vous pour moi, tout à l'heure, lorsque vous mettiez en jeu toutes les ressources de votre froide raison pour me chasser de ces campagnes, après avoir déployé, pendant deux mois, toutes celles d'une amère folie pour m'y enchaîner à jamais? Votre raison est bien tardive! Le mal est fait, et vous n'y pouvez rien.

— Hélas! il est bien vrai que je suis une misérable créature; mais vous êtes bien cruel, Monsieur; oh! vous êtes bien cruel pour ce cœur déjà si souffrant. On n'est pas ainsi pour une pauvre femme qui a déjà tant pleuré, Monsieur! Vous ne sentez donc pas mes larmes qui coulent sur vos mains?

— Laissez-moi, dit Albert en la repoussant.

— Grand Dieu! s'écria tout-à-coup madame de Sommerville épouvantée; vos mains sont couvertes de sang!

— Laissez-moi, vous dis-je, je vous hais.

— Et moi, malheureuse, je vous aime! s'écria-t-elle en couvrant de ses doigts son visage baigné de pleurs.

XV

Un mouvement irréfléchi d'humeur et de colère avait fait ce que n'auraient pu faire la passion la plus éloquente et l'habileté la plus consommée. Madame de Sommerville eût résisté peut-être à l'amour d'Albert : elle succomba à la haine de ce jeune homme. Il n'est pas de femme si forte que la haine de son amant n'ait trouvée sans force et sans vertu.

Albert était depuis une heure aux genoux d'Aurélie. Il la contemplait avec tant d'amour, il y avait dans cet amour tant de candeur et d'enthousiasme, ses yeux étaient si beaux, ses paroles si jeunes et si pures; il était aux pieds de cette femme, si soumis, si passionné, si craintif; sa voix était si douce pour la bénir, son regard si tendre pour la supplier; il lui parlait de bonheur avec tant de foi, d'avenir avec tant de confiance, qu'oubliant un instant tout un passé de larmes :

— Vous me rendez la jeunesse! dit-elle, en penchant vers lui son beau front.

— Et toi, tu me donnes la vie! s'écria-t-il en glissant ses mains dans les cheveux qui s'abaissaient sur lui, et de ses lèvres embrasées il osa presser les lèvres d'Aurélie.

Ce long baiser résuma pour madame de Sommerville une existence tout entière de douleurs et de remords ; ces lèvres brûlantes qui tremblaient sur les siennes lui semblèrent imprégnées de toute l'amertume de ses souvenirs. Le passé se dressa menaçant devant elle, comme le présage certain d'un avenir plus menaçant encore; toutes les plaies de sa vie se rouvrirent pour saigner sur son cœur, et s'arrachant brusquement aux lèvres d'Albert, elle se leva avec épouvante. Mais la sensation qui venait de glacer le sang de la femme avait embrasé celui du jeune homme. Le chaste abandon qui si long-temps avait protégé Aurélie aurait pu la sauver encore; son effroi la poussa de nouveau vers l'abîme qui s'ouvrait sous ses pas. Albert se leva avec transport; il enlaça de ses bras madame de Sommerville, et s'enivra du féroce bonheur de la sentir palpiter et frémir sous ses cuisantes caresses. L'infortunée se débattait avec angoisse; mais ce n'était pas sous les baisers de cet enfant : le présent, l'avenir avaient disparu; c'étaient ses souvenirs qui la pressaient de toutes parts; c'était le passé qui recommençait pour elle. Rassemblant, pour lui échapper, tout ce qui restait en elle de forces et de vie :

— Vous voulez donc que je meure ! s'écria-t-elle d'une voix déchirante.

Effrayé de ce cri douloureux, Albert ouvrit ses bras, et Aurélie s'enfuit dans sa chambre ; Albert s'y précipita.

Cette chambre n'était éclairée que par la flamme expirante du foyer et par la lumière douteuse d'une lampe de nuit. Madame de Sommerville s'était réfugiée au pied d'un Christ d'ivoire, encadré au chevet du lit, sur un fond de velours noir ; les rideaux qui l'enveloppaient à moitié la derobaient à la vue d'Albert. Albert se tenait avec un embarras mêlé d'inquiétude au milieu de ce salon obscur dont la disposition lui était étrangère, et son regard cherchait Aurélie sans la découvrir, lorsque le foyer se ranimant jeta tout-à-coup une vive lueur sur les objets qui l'environnaient. Frappé de leur aspect, il hésita, chercha de nouveau, et s'arrêta involontairement dans la contemplation des moindres détails de l'ameublement. Il allait, avec la curiosité d'un enfant, des meubles d'ébène incrustés de cuivre aux chandeliers dorés à triples branches ; laissant son regard se jouer dans les festons et les arabesques qui s'entrelaçaient au plafond, glisser le long des tentures, se perdre au milieu des kiosques, des pagodes et des Indiens rouges ; courir sur les moulures des panneaux, effleurer les peintures de Lancret et de François Boucher, et se fixer rêveur sur le Christ d'ivoire, aux pieds duquel se tenait madame de Sommerville éperdue. Au milieu de cet examen silencieux, la flamme du foyer s'éteignit, et laissa Albert dans l'obscurité. Il alla prendre dans le salon le flambeau qui brûlait sur la table du piano, revint dans la chambre à coucher d'Aurélie, alluma gravement les bougies qui chargeaient la girandole placée sur la torchère et les bras de cuivre qui s'épanouissaient au-dessus de la cheminée, à chaque côté de la glace, et lorsque la chambre fut illuminée comme pour une soirée de fête, et qu'Albert eut contemplé de nouveau, à l'éclat de vingt lumières, ce qu'il n'avait vu d'abord qu'à la clarté incertaine du foyer presque éteint, il appuya son front sur ses deux mains, puis il prêta une oreille attentive, comme s'il eût saisi dans l'air je ne sais quelles mélodies qui l'avaient déjà charmé dans son enfance.

S'avançant enfin vers madame de Sommerville qui l'observait avec étonnement :

— J'ai vu ma mère ici, à cette place où vous êtes, s'écria-t-il. Vous connaissez ma mère, vous avez dû la connaître? Etait-ce votre sœur ou votre amie? Parlez.

Madame de Sommerville toujours aux pieds du Christ regardait Albert d'un air égaré et ne répondait pas.

— Parlez-moi de ma mère : pourquoi ne m'en avez-vous jamais rien dit? Vous saviez bien pourtant qu'elle eût été douce à mon cœur la voix qui m'aurait parlé d'elle! Plus douce encore aurait été la vôtre! Oh! dites-moi si ma mère vit encore, dites-moi si elle est heureuse, si je dois espérer de la revoir un jour; dites-moi que toutes les deux vous vous êtes connues, vous vous êtes aimées, et toutes les deux vous me deviendrez plus chères.

Madame de Sommerville était aux pieds du Christ et ne répondait pas.

— Mais parlez donc, Madame! s'écria-t-il avec impatience; craignez-vous de révéler une tache dans votre famille? Craignez-vous de m'apprendre que je n'ai plus de mère? Dites, Madame, dites toujours; dites-moi que ma mère est morte, mais, au nom de Dieu, parlez d'elle, comme on parle à l'exilé de la patrie qu'il ne reverra plus, comme nous parlons tous les jours du ciel où, peut-être, nous n'arriverons pas.

— Elle vit, répondit enfin Aurélie d'une voix mourante.

— Elle vit! s'écria-t-il; elle vit! Oh! Madame, cela est bien mal de faire attendre si long-temps aux malheureux leur part de bonheur sur la terre. Elle vit ! Oh ! béni soyez-vous, ajouta-t-il en pressant avec amour la tête d'Aurélie ; béni soyez-vous, ange qui m'avez révélé toutes les félicités d'ici-bas.

Aurélie pleurait aux pieds du Christ.

— Elle vit ! disait-il encore ; mais cela est bien sûr, au moins ? Vous ne voudriez pas me tromper? Pourquoi voudriez-vous me tromper? Ce serait affreux, n'est-ce pas ? Elle vit ! dites-le donc encore ; dites aussi qu'elle est heureuse, dites si je la reverrai.

— Elle vit et vous la voyez, dit Aurélie en baissant la tête.

Il tressaillit, leva les yeux vers le portrait d'une jeune femme, seule peinture moderne qui décorât la chambre, puis les ramenant sur madame de Sommerville, dont le front incliné touchait presque aux pieds du jeune homme :

— Où donc? demanda-t-il avec angoisse.

— Mon fils, elle est à vos genoux.

— Vous, ma mère ! s'écria-t-il, et il demeura long-temps comme frappé par la foudre.

Puis l'étonnement et la stupeur faisant place enfin à l'indignation et à la colère, il croisa lentement ses bras sur sa poitrine, et laissant tomber son terrible regard sur la femme qui, ployée devant lui, baisait ses pieds avec sanglots : — Ah! vous êtes ma mère, répéta-t-il, et vous avez entretenu dans mon cœur un amour criminel, et vous l'avez laissé grandir sans le désabuser! Vous êtes ma mère, et vous avez embrasé mon sang! Vous êtes ma mère, et vous m'avez abandonné; et aux misères de votre abandon, voilà que vous ajoutez celles de vos fantaisies; voilà que de votre fils délaissé vous faites votre amant d'un jour!

— Pardonnez, disait Aurélie, en se traînant sur ses genoux; je suis bien malheureuse, et je pleure à vos pieds. Mon fils, ne me repoussez pas.

— Qu'espériez-vous donc, Madame? Qu'un mot de vous suffirait pour changer la nature de cet amour? L'aviez-vous rêvé si docile, et pensiez-vous qu'il fût soumis aux caprices de vos révélations ? Si vous ne le retrouviez jamais, le fils que vous invoquez à cette heure; si Dieu, pour vous punir, poussait vers vous la flamme que vous avez follement allumée; s'il l'attachait à vous toujours brûlante et toujours indomptable, qu'auriez-vous à dire, et qui l'aurait voulu ? Eh bien ! non, vous n'êtes pas ma mère : je ne vous connais pas. Nos mères, Madame, restent près de notre berceau ; elles protégent notre enfance ; elles rient à nos larmes ; elles endorment nos douleurs. Nos mères ne vivent qu'en nous, que pour nous, que par nous; gloire, bonheur, amour, nous sommes tout pour elles. Moi, je me suis élevé sans caresses, j'ai grandi dans les pleurs, j'ai pleuré dans l'amertume de mon cœur, et nulle femme n'a le droit de venir me nommer son fils. Ah ! vous aviez espéré peut-être qu'abandonnant les devoirs importuns de la maternité aux soins d'un étranger, vous pourriez courir en liberté le monde; puis un jour, fatiguée de voyages et lasse de toutes choses, revenir, jeune et belle encore, aux lieux qui vous avaient vue naître; risquer sur votre fils un dernier essai de vos charmes, et après avoir jeté dans son cerveau de brûlantes espérances, après lui avoir revelé des besoins impérieux, et développé en lui des sensations nouvelles, briser impunément la coupe que vous auriez approchée de ses lèvres, appaiser d'un mot les ardeurs de son sang, étouffer d'un geste les aspirations de son ame, et ravir à son amour la première femme qu'il ait aimée, pour lui rendre une mère qu'il n'a jamais connue? Non, Madame, non; les choses ne se passent pas de la sorte; cela serait trop commode, vraiment!

— Mon fils, écoutez-moi, disait Aurélie, qui s'était attachée comme un lierre aux genoux du jeune homme. Mon fils, ne repoussez pas celle qui n'a plus que vous en ce monde, et qui n'aura que vous dans l'autre pour implorer la grâce de ses fautes. Mon fils, ayez pitié de moi! Un regard de pitié seulement sur cette pauvre mère que, tout à l'heure encore, vous appeliez avec amour !

— La mère que j'appelais n'était pas vous, Madame ; ce n'est pas ainsi que je l'avais rêvée.

— O mon enfant ! la mère qui vous souriait dans vos rêves n'avait pas pour vous de plus sublimes tendresses que celle qui pleure à vos pieds et vous tend les bras en suppliant.

— Vous croyez? répondit Albert avec un sourire amer.

— Oui, mon Dieu ! je le crois. Mon fils, que me reprochez-vous? Votre abandon? Mais savez-vous ce que ce cœur a souffert dans l'absence, ce que ces yeux ont versé de larmes, ce que ces lèvres ont murmuré de ferventes prières aux anges qui veillaient sur vous? Votre abandon ! Oh ! si l'on eût permis seulement à cette infortunée de s'asseoir sur quelque pierre battue du vent et de la pluie, à la porte de la maison où son enfant commençait la vie, jour et nuit elle y serait restée ; mais les cruels ne l'ont pas voulu ! Ils m'ont chassée, ils ont enlevé le fils à la mère, ils ont ravi la mère au fils, et j'ai dû vous quitter, mon enfant; me séparer de toi, mon Albert!

— Je ne vous reproche pas mon abandon, dit Albert.

— Et quoi donc, grand Dieu! me reprochez-vous? De vous avoir aimé, de m'être fait aimer sans me révéler à vous, sans vous dire que j'étais votre mère? Oh! mon enfant, vous ne connaissez pas toutes les délicatesses du cœur maternel. Eh bien! oui, j'étais heureuse de surprendre votre tendresse; j'étais fière de vous inspirer l'affection que mon titre de mère vous aurait imposée; avant de vous nommer mon fils, je voulais être la mère de votre prédilection, celle qu'entre toutes votre amour eût choisie. Quant aux tourmens de cet amour, pouvais-je les prévoir, hélas! vous voyant si jeune et si beau, auprès de Nancy, si jeune et si belle? Et vous-même, mon enfant, ne vous êtes-vous pas mépris sur la nature de vos sentimens pour moi? Était-ce bien à cette femme, vieillie par les années moins encore que par le chagrin, que s'adressaient vos secrètes ardeurs? N'était-ce pas plutôt un mystérieux instinct qui vous poussait vers elle, une voix du ciel qui vous appelait dans ses bras?

— Non, Madame, non, s'écria Albert; c'était bien de l'amour, vous ne l'ignorez pas; et tout à l'heure encore...

— Eh bien! oui, oui, puisque vous le voulez, j'étais folle; mon cœur de mère souffrait de cet amour si ardent et si pur qui ne s'adressait qu'à la femme, et jalouse de celle qui devait vous l'inspirer un jour, j'étais fière de lui dérober la virginité de votre ame. Je vous dis que vous ne comprenez rien au cœur d'une mère : c'est un abîme d'amour et de tendresse qui vous est ouvert; ne refusez pas d'y descendre. Regardez-moi, mon enfant; rappelez-vous cette soirée d'orage où j'allai m'asseoir toute glacée à votre foyer; vous me parliez de votre mère, vous la redemandiez au ciel, vous l'appeliez de tous vos vœux; si le ciel vous la rendait jamais, vous deviez la supplier à mains jointes de vous pardonner les pleurs qu'elle aurait versés pour vous. Le ciel vous l'a rendue, mon fils; mais c'est elle qui vous supplie, c'est elle qui joint les mains vers vous, c'est elle qui demande grâce, qui prie Dieu de vous rendre en larmes de joie les larmes de douleur que vous lui avez coûtées; c'est votre mère qui se traîne à vos pieds : n'aurez-vous pas de pitié pour elle? Ne l'aurez-vous aimée qu'absente? Est-ce à l'heure où je vous retrouve que je dois vous perdre à jamais? Ah! cruel! ajouta-t-elle en sanglotant, vous aimiez mieux votre amante que votre mère; ce n'était que la femme que vous cherchiez en moi!

— Vous me rendrez fou! s'écria Albert d'un air égaré, en cherchant à se débarrasser des bras de madame de Sommerville, qui se tenait toujours attachée aux genoux de son fils; vous me rendrez fou, Madame!

— Vous ne m'échapperez pas. Je mourrai de douleur à vos pieds ou je me releverai pour tomber dans vos bras. Donnez-moi votre main, mettez-la sur mon cœur; guéris-le, mon Albert; laisse ma tête brûlante reposer sur le tien. Pour nous autres femmes, vois-tu, il arrive un âge où nous n'avons plus que nos enfans ; nous avons bien souffert ; les déceptions nous ont flétries plus encore que le temps ; nous avons vu notre couronne d'amis tomber avec celle de nos belles années. La foi est morte en nous, et nos enfans nous restent seuls. Quelque égarées qu'aient été vos mères, enfans, soyez bons pour elles, parce qu'elles n'ont pas cessé de vous aimer, et que Dieu seul peut juger leurs actions.

— Mais enfin, qui me dit que vous êtes ma mère ? s'écria le jeune homme qui hésitait encore entre sa mère et sa maîtresse ; c'est bien ici où j'ai été conduit par une nuit obscure; je reconnais bien cette chambre, mais vous....

— Moi, j'ai vécu, j'ai souffert ! Mais votre instinct m'a devinée pourtant ; vous m'avez vue et vous m'avez aimée ; pensez-vous que ce soit ma beauté qui ait accompli ce miracle ? Ne pouvant me reconnaître, vous m'avez pressentie. Lorsque, à la dérobée, je suis venue vous presser sur ce cœur altéré de vous, j'étais bien jeune encore, et vous, vous n'étiez qu'un enfant. Enfant de mon amour, avez-vous désappris les caresses que vous me prodiguiez alors ! Tenez — ajouta-t-elle en tirant un médaillon de son sein — c'est une boucle de vos cheveux : depuis le soir où je l'ai coupée sur votre blonde tête, elle n'a pas quitté cette place ; est-ce donc là, mon fils, tout ce qui me reste de vous ?

— Laissez-moi, laissez-moi ; je ne vous accuse plus, je ne vous maudis pas.

— Je ne vous laisserai point. Est-ce une amante que vous pleurez encore ? Le monde vous en rendra bien d'autres, plus belles et plus jeunes que moi ; mais où retrouverez-vous la mère que vous repoussez à cette heure ? Me reprochez-vous encore le retard que j'ai mis à me faire connaître ? Mais avez-vous oublié l'éloignement que je vous inspirais ? Cruel, vous ne savez pas combien ce cœur en a saigné : vous ne savez pas non plus combien il a été glorieux de conquérir votre tendresse, avant d'oser vous en faire une loi ! Laissez-moi baiser vos mains. Vous me refusez, mon fils ; eh bien ! j'embrasserai vos pieds.

— Relevez-vous, s'écria Albert en tendant ses mains, que madame de Sommerville saisit avec effusion et qu'elle couvrit de ses baisers et de ses larmes ; relevez-vous, répéta-t-il, en l'attirant vers lui.

— Vous êtes bon, je le sais bien, mon fils ; mais nous autres nous pardonnons plus vite ! Au retour de l'enfant prodigue, la famille prit ses habits de fête.

— Relevez-vous, répéta le jeune homme d'une voix émue.

— Je ne me relèverai point que vous n'ayez pardonné et béni. Vous ne me dites rien, vous détournez les yeux. Oh ! si vous pouviez pleurer !

— Votre place n'est pas à mes genoux, dit Albert d'une voix étouffée.

— A vos genoux ou sur ton cœur, répondit madame de Sommerville éperdue.

— Venez donc! murmura le jeune homme en lui ouvrant ses bras.

Aurélie s'y précipita, et ils restèrent longtemps tous les deux à mêler leurs larmes silencieuses; et pour que rien ne manquât à la vulgarité de ce drame, madame de Sommerville, interrogée par Albert sur les événemens qui avaient présidé à sa naissance, lui conta une histoire de séduction à l'usage, depuis plusieurs siècles, de toutes les femmes séduites et trompées.

XVI

Le lendemain, dans la matinée, nous vîmes arriver à la Baraque Albert et madame de Sommerville, tous les deux pâles et défaits et les yeux gonflés de larmes. Albert m'entraîna dans le verger et me confia la déclaration d'Aurélie. Cette déclaration tardive qui, faite plus tôt, nous eût épargné tant de mal, m'éclaira sur bien des points restés obscurs pour moi jusqu'alors, et replongea dans l'obscurité tous ceux qui m'étaient apparus sous un jour lumineux et certain. Toutefois, cette espèce de transposition de jour et d'ombre qui s'opéra, pour ainsi dire, dans mon cerveau, n'arrêta pas un seul instant les élans de ma joie. La confidence imprévue de mon pupille simplifiait avec tant de bonheur notre position à tous, que j'appelai sur Aurélie toutes les bénédictions du ciel, sans songer à lui reprocher la fatale lenteur de ses révélations. Je pressai Albert dans mes bras, et le ramenai dans la chambre où nous avions laissé madame de Sommerville, auprès du lit de la malade. Lorsque nous rentrâmes, ma sœur n'avait plus rien à apprendre. Nous nous embrassâmes tous en silence, et dans le fond de nos cœurs bien des choses furent pardonnées. Il n'y eut entre nous ni plaintes, ni récriminations, ni retours douloureux sur le passé; aucune question maladroite n'amena la rougeur sur le front d'Aurélie; notre joie se montra discrète et réservée, et madame de Sommerville fut bénie, comme s'il n'eût tenu qu'à elle d'être ou de n'être pas la mère de son enfant. Près de se retirer avec son fils, Aurélie réunit dans ses mains celles d'Albert et de ma sœur; elle contempla longtemps ces deux jeunes gens avec tendresse, et les attirant doucement l'un vers l'autre, elle leva vers moi ses yeux qui rayonnaient d'une indicible expression de tristesse et d'orgueil. Puis, abaissant son regard sur Albert et Nancy, elle laissa tomber une larme sur leurs têtes, comme un divin baptême de leurs renaissantes amours, comme l'eau sainte qui devait effacer leurs fautes et leurs douleurs.

Après le départ de nos amis, il y eut sous notre toit une réconciliation non moins tendre et non moins touchante. Depuis qu'Albert nous était revenu de Paris, si triste et si changé; depuis le jour surtout où il avait été entraîné par Cortès vers madame de Sommerville, l'amour fraternel qui nous unissait, ma sœur et moi, s'était dépouillé des frais et rians aspects qui l'avaient si long-temps embelli. Dès lors, nos deux ames, habituées à penser tout haut et à s'épandre l'une dans l'autre, se retirèrent, chacune à part, dans une froide réserve. La douleur est ainsi pour tous; elle resserre notre cœur et le fait silencieux. La joie, au contraire, y ravive la source des tendres épanchemens que la douleur y tarit : c'est la baguette du prophète frappant le rocher d'Oreb.

Vers le soir, Nancy voulut se lever : on eût dit qu'un jour avait suffi pour lui rendre la vie et la santé. Ses yeux brillaient d'un doux éclat, et la chaste expression de bonheur, répandue sur tous ses traits, donnait à son pâle visage je ne sais quelle grâce, pareille à celle des dernières journées de l'hiver, lorsque les fleurs printanières s'épanouissent sur la neige qui blanchit encore les campagnes. Elle vint s'asseoir près de moi, au coin du foyer, et là, pendant de longues heures, bien courtes et bien rapides, nous remontâmes ensemble le cours de nos jeunes années, redemandant à chacune d'elles ses fleurs, ses fruits et ses ombrages. Nous nous arrêtions surtout avec complaisance sur les premiers jours de notre intimité avec madame de Sommerville ; nous nous plaisions à ranimer, à reconstruire par le souvenir les gestes d'Aurélie, son maintien, ses actions, ses paroles ; cherchant à y découvrir le pressentiment du mystère qui s'était révélé. Semblables au voyageur qui se plaît à revoir au matin les sentiers qu'il n'a parcourus que dans l'ombre, nous aimions à ressaisir dans le passé les accidens qui nous avaient échappé. Nancy rappelait la sollicitude qu'inspirait Albert, bien avant son retour, à madame de Sommerville : moi, je redisais la visite d'Aurélie à la maison du sentier, l'intérêt de cette femme pour tout ce qui regardait ce jeune homme, son empressement à le voir, le charme tout-puissant qui l'avait attirée vers lui. Remontant plus haut, à la source des choses, j'établissais des rapports probables entre la disparution de madame de Sommerville et la naissance d'Albert; et tous ces faits se combinaient si bien entre eux, toute la conduite d'Aurélie avait marché si droit au dénouement qui venait d'éclater, que, ma sœur et moi, nous nous étonnions de n'avoir pas prévu nous-mêmes la conclusion du drame qui, la veille encore, nous semblait sans issue. Nous allions jusqu'à parer d'une importance toute théâtrale les circonstances les plus indifférentes, jusqu'à solenniser les incidens les plus vulgaires, afin de pouvoir en déduire d'une manière plus éclatante celui qui les résumait tous ; il n'était pas un fil si fin et si délié de la vie d'Aurélie qui ne se rattachât, dans notre esprit, à la révélation qui venait de nous être faite. On eût dit, à nous entendre, que nous élaborions quelque œuvre d'art et de conscience, tant nous étions habiles à faire concourir tous nos développemens à l'effet de la péripétie.

Il restait bien dans mon esprit je ne sais

quelles perplexités dont je ne me rendais pas compte. La nuit qu'avait passée madame de Sommerville à la Baraque projetait bien sur tout ceci je ne sais quelles teintes blafardes et douteuses; mais lorsqu'une idée nous sied, nous savons si bien la préserver de tout ce qui pourrait gêner son allure, que je laissai au temps le soin de soulever le voile qui couvrait encore quelques coins obscurs de cette histoire, et que j'acceptai le bonheur comme nous l'acceptons tous, aveuglément : les combinaisons du sort, quand elles nous font heureux, nous semblent toujours conçues par une sublime sagesse.

Je vous parle de bonheur, mon ami; c'est qu'en vérité nous nous surprîmes un instant à y croire; c'est qu'un semblable espoir eût caressé peut-être des ames plus défiantes que les nôtres ; et si vous vous êtes intéressé par hasard aux embarras inextricables dans lesquels nous jetait la nouvelle passion d'Albert, si vous avez entrevu par une intuition rapide tous les maux qui en étaient résultés, tous ceux qui pouvaient en résulter encore ; si, réfléchissant un instant à la complication de nos misères, complication composée cependant d'élémens bien communs et bien simples, vous vous êtes demandé comment se résoudrait le problème de nos existences, vous comprenez sans doute quel dut être l'allégement de mon cœur, lorsqu'Aurélie trancha d'un seul mot le nœud gordien de quatre destinées, dont trois m'étaient presque également chères. Ce n'est pas, cependant, que mon imagination abusée ait cru un seul instant au retour des félicités que ma sœur entrevoyait déjà dans un avenir rapproché. Nancy n'avait jamais vu qu'un obstacle entre elle et le bonheur : c'était madame de Sommerville. Cet obstacle venait de se briser; Aurélie n'était plus pour Nancy qu'un lien sacré tombé du ciel pour renouer deux cœurs désunis, et la pauvre enfant s'offrait, joyeuse et fière, à l'ingrat qui l'avait si long-temps dédaignée. Aimer, c'est abjurer tout orgueil et toute dignité ; si l'amour n'élève pas ce qu'il abaisse, plaignons ceux qui ont aimé, car ils sont tombés bien bas. Je vous l'ai dit, je ne partageais pas les espérances de ma sœur; j'en souffrais en secret; je ne croyais pas au retour d'Albert vers Nancy; bien plus, je le redoutais, j'appelais de tous mes vœux l'éloignement de ce jeune homme. N'avions-nous pas, au prix d'assez longues douleurs, acheté le droit de nous reposer un peu? Mais nous ne sentons la vie que par la souffrance; à peine avons-nous retrouvé le calme auquel nous aspirions dans la tempête, que notre ame secoue ses ailes, impatiente de nouveaux orages.

Ce que j'avais prévu arriva : au bout de quelques jours, Albert nous déclara que son intention était d'aller poursuivre, à Paris, le cours de ses études. Nous l'approuvâmes tous; mais quand bien même nous eussions essayé de le garder quelque temps encore, Albert serait parti, sans égard pour aucun de nous, et sa mère elle-même ne l'eût pas enchaîné plus d'un mois à Anzème. Il ne pouvait pas en être autrement : ce jeune homme était mal à l'aise près de moi, mal à l'aise près de ma sœur, mal à l'aise surtout près de sa mère. Cet amour qu'il entretenait depuis deux mois, dont il avait nourri complaisamment la flamme, ne s'était pas éteint en un jour; ses désirs n'étaient pas tombés soudainement au fond de son cœur, comme le plomb au fond du vase; parfois encore il les sentait revenir à la surface. Quelque chaste que soit l'amour, il y entre toujours une certaine quantité d'alliage dont l'épuration est lente à se faire, et Albert eut à soutenir une lutte longue et cruelle. Souvent il lui arriva de pâlir sous les caresses de madame de Sommerville; dans l'ombre, il tremblait auprès d'elle; elle lui faisait la solitude amère et malfaisante; plus d'une fois les rêves de la nuit jetèrent, au matin, la rougeur sur le front d'Albert et la confusion dans son cœur.

Albert partit; madame de Sommerville l'accompagna : trois semaines après, elle était de retour. Le lendemain de son arrivée, elle me fit appeler au château.

— J'ai veillé, me dit-elle, au bien-être de notre enfant ; maintenant je suis tranquille. Sans le vouloir, il vous a fait du mal ; il faut lui pardonner : vous ne manquerez pas à mon fils. Mon affection se doublera pour vous de celle que vous aurez pour lui. Vous ne vous rebuterez pas des aspérités de sa nature : vous m'aiderez à les aplanir ; son cœur ne subit pas les variations de son humeur : vous les supporterez patiemment. Nous chercherons à réprimer ensemble la fougue de caractère qui l'emporte souvent, et les accès de tristesse qui l'absorbent parfois. Vous l'aimerez toujours ; vous reviendrez à lui sans reproches et sans efforts ; tout ce que vous aurez d'amitié pour lui, je le regarderai comme m'appartenant, et je vous aimerai pour ma part et pour la sienne. Je ne vous parle pas de l'union que vous aviez projetée, et qui n'a pas cessé un seul instant de me sourire : laissons faire le temps, il sera plus habile que nous; seulement, reposez-vous sur moi du soin de former la jeunesse de mon fils; je serai prête avant quelques années à rendre bon compte de lui devant Dieu et devant les hommes. Je me charge du bonheur d'Albert et de Nancy; si je n'y réussis pas, c'est que je suis vraiment maudite. Maintenant, mon ami, j'ai une grâce à vous demander. Albert est à Paris; cent lieues au moins nous séparent; je me fais vieille et souffrante; chaque jour qui s'écoule me met une année de plus sur la tête. La solitude m'est pesante; je voudrais avoir autour de moi des êtres bons et aimés qui me parleraient de mon fils. Je suis triste, Maxime; pourquoi? Je ne sais: mais je suis triste. Venez habiter près de moi avec votre sœur; ne faisons plus qu'une famille; tâchons de réaliser sur cette misérable terre trois créatures qui s'aiment et vivent heureuses sous le même toit. La Baraque sera notre maison de plaisance: nous irons y passer les beaux jours; au retour d'Albert nous en ferons un rendez-vous de chasse; nous aurons un bateau sur la Creuse, pour nous descendre jusqu'au bassin où se mirent vos aulnes et vos trembles. Le château sera notre royale capitale; c'est vous, Maxime, qui rendrez la justice à nos bien-aimés sujets; vous pourrez aller à vos travaux sans vous inquiéter de Nancy; elle rajeunira pour moi, je vieillirai pour elle. Quelle douce vie! Ne vous sourit-elle pas? Songez donc que si vous restez là-bas, au fond des bois, nous serons obligés d'attendre pour nous voir le retour des hirondelles. Les sentiers sont mauvais, l'air est froid, l'hiver sera long; Nancy est convalescente à peine; moi, je me sens faible et maladive; nous ne nous verrons jamais. Jamais! y pensez-vous, Maxime? Lorsqu'un jour passe sans vous, ce jour est bien long, mes amis. Venez donc avec votre sœur; transportez sous mon toit vos dieux domestiques; ils y vivront indépendans et libres. Je sais, hélas! que je ne suis pas une compagne bien joyeuse, mais vous ne me subirez qu'à votre gré; cela est entendu, j'espère! Vous choisirez vous-même vos heures d'expiation et de sacrifice, et vous les abrégerez à votre aise. Je sais ce que vous allez me dire : mais ce n'est pas là ce que je veux entendre. Venez! pendant mon séjour à Paris, j'ai fait disposer l'aile droite du château, elle est prête à vous recevoir. Si vous refusez, vous ne m'avez jamais aimée; si vous acceptez et que vous songiez à me remercier, vous ne comprenez rien à l'amitié; c'est moi qui suis votre obligée.

Madame de Sommerville mit dans l'offre qu'elle me faisait tant d'instances et de gracieusetés, que j'acceptai, non pas cependant sans avoir consulté Nancy. La proposition d'Aurélie la pénétra de joie et de reconnaissance, et le premier janvier, par une gelée sèche et étincelante, nous quittâmes notre maisonnette pour aller habiter le château. Notre départ fut triste et touchant; on ne quitte jamais sans douleur les lieux où l'on a souffert. Notre carriole fila lentement entre une double haie de paysans qui nous exprimaient naïvement leurs vœux et leurs regrets ; et plus d'une fois, ma sœur et moi, nous nous penchâmes hors de la voiture pour voir encore les volets verts de notre chaumière.

Madame de Sommerville nous reçut à la porte de la garenne ; elle voulut nous conduire elle-même dans l'appartement qui nous était réservé. Nous fûmes confus du luxe qu'elle avait déployé pour nous. La chambre de Nancy donnait sur la terrasse, et de ses croisées on apercevait la Baraque à travers les arbres. Nancy remercia tendrement Aurélie de cette attention, et se plaignit doucement de l'élégance qui avait présidé à la décoration de sa chambre. Les parois des murs étaient tendues en étoffes de Perse ; un riche tapis d'Aubusson s'épanouissait sur le parquet ; tous les meubles étaient modernes et d'un goût exquis. Ce qui frappa le plus ma sœur fut un piano en bois de palissandre, venu de Paris tout exprès pour elle.

— Mais, dit-elle avec inquiétude, je ne suis pas musicienne.

— Eh bien! vous le deviendrez, répondit Aurélie en souriant. Ne voulez-vous pas être mon élève?

— Oh! Madame.... s'écria-t-elle en entourant de ses bras le cou d'Aurélie.

— Ne m'appelez donc plus madame, mon enfant; ne voulez-vous pas être ma fille?

Nancy se troubla et fondit en larmes.

A la chambre de Nancy se joignait un petit cabinet d'étude, qui avait une croisée sur la garenne, et dont le principal ornement était une riche bibliothèque. Des arbres de différentes espèces élevaient leurs branches jusqu'à l'appui de la fenêtre, et le vent devait au printemps semer sur le parquet, par les vitraux ouverts, les fleurs enlevées aux grappes des acacias. Ce cabinet se trouvait situé dans la partie la plus élevée de la tourelle, et son plafond était formé par une vitre épaisse et polie qui laissait voir l'azur du ciel ou les nuages courant dans l'air.

Le contraire de ce qui arrive généralement dans toutes les amitiés arriva pour la nôtre. Nous établîmes une exception à la loi commune, nous échappâmes à la lassitude qu'une liaison trop étroite ne manque jamais d'engendrer. Plus les liens de notre intimité se resserrèrent, plus ils nous semblèrent doux et légers. Notre vie retrouva peu à peu le calme qu'elle avait perdu, et nous nous sentîmes renaître au bonheur. Ce ne fut pas toutefois une félicité pure et limpide comme celle qui nous était échappée, mais triste et voilée comme une journée d'automne : il y a sur le bonheur une poussière virginale qui, tombée une fois, ne se reproduit plus. La convalescence de Nancy fut longue; Aurélie lui prodigua les soins les plus touchans. Je ne vous parle pas de la joie que j'éprouvai à voir ma sœur revenir à la santé : rappelez-vous ma douleur, lorsque je la voyais dépérir. Madame de Sommerville avait failli me l'enlever, et je n'avais pas songé à la maudire; elle me la rendait, et je la bénissais dans mon cœur. O mon ami, jamais créature ici-bas n'a réparé l'erreur d'un jour avec plus de grandeur d'ame ! Jamais le repentir n'a enfanté sur cette terre un dévouement plus sublime et plus illimité ! Si les anges devenaient coupables, ils n'expieraient pas plus noblement leurs fautes. Ce n'était plus la même femme ; elle avait bien conservé toutes les grâces de son esprit, toutes les séductions de sa riche nature : mais elle les cachait sous des dehors plus graves et plus austères ; elle avait jeté, durant le séjour d'Albert parmi nous, le dernier éclat de sa jeunesse, et le jour où elle se résigna au rôle de mère, elle l'accepta sans restriction ; dès lors elle ne fut plus que maternelle ; tout son être se fondit dans un seul amour, dans une seule pensée, et le bonheur de son fils et celui de Nancy occupèrent sa vie tout entière. Elle n'appelait jamais Nancy que sa fille; et, bien qu'elle ne s'expliquât jamais sur ses projets, elle les laissait assez entrevoir pour que ma sœur pût comprendre l'avenir que la mère d'Albert réservait à ses deux enfans. Protégé tacitement par madame de Sommerville, l'amour resta dans le cœur de Nancy comme une source de secrètes joies et de mystérieuses espérances. Toutes les deux parlaient souvent d'Albert: leurs ames s'entendaient si bien pour échanger leurs puériles tendresses! Cependant celle d'Aurélie était plus sévère, et l'avenir ne lui apparaissait plus que tout plein de son fils, de ses travaux, de ses succès, de sa conduite honnête et modeste. Le temps qu'elle ne passait pas avec Nancy, elle l'employait à écrire à Albert; bien que séparée de lui par une longue distance, elle le poussait ferme et droit à travers le monde; elle l'éclairait de ses conseils, elle le soutenait de son amour; appuyé sur sa mère, Albert travaillait et devenait un homme. Pendant son séjour à Paris, elle l'avait présenté, comme son ami, dans plusieurs maisons élégantes, où il dépouillait peu à peu la rudesse de ses manières, et où il étudiait les hommes : sa vie était riante et facile. La misère, ce monstre hideux qui ternit tout, ne jetait plus sur les épaules d'Albert son manteau de glace; il n'était plus obligé de se soumettre à des privations odieuses, et de rétrécir son esprit par les calculs mesquins que la pauvreté nous impose. Madame de Sommerville prévenait tous les besoins et tous les désirs de son fils ; et Albert qui avait l'ame assez haut placée pour recevoir sans rougir d'une maîtresse, pensant avec raison qu'en amour la main qui reçoit honore la main qui donne, se prêtait sans scrupules aux dons de la femme qu'il avait commencé par aimer comme son amante, et qu'il aimait comme sa mère. Ces deux amours qui se disputèrent long-temps encore le cœur de ce jeune homme, parvinrent enfin à se fondre en un seul qui résuma tous les élémens d'une tendresse passionnée, purifiés par la plus sainte et la plus chaste des affections humaines; c'est-à-dire qu'Aurélie ne perdit pas aux yeux d'Albert toutes les grâces de la femme, mais qu'Albert apprit à les aimer comme ces peintures des vieux maîtres, où la beauté de la Vierge dégage de tous désirs l'ame qui la contemple et l'adore. Au reste, dans les affections les plus pures, nous n'échappons jamais entièrement à la terre, et je suis convaincu qu'il se glisse dans l'amour d'un fils pour sa mère, tant qu'elle est jeune et belle encore, des nuances délicates qui s'effaceront avec la jeunesse et avec la beauté de la femme. Albert ne parvint pas à vaincre tout d'abord sa nature triste et prompte au découragement, mais lorsqu'il se sentit faiblir, il trouva toujours Aurélie pour le ranimer et le soutenir. Il rencontra sur ses pas bien des déceptions qu'il n'avait pas prévues, et autrement cruelles que celles qui l'avaient jusqu'alors assailli; mais sa mère était toujours là pour en adoucir l'amertume. Il est un instant terrible dans la vie : c'est celui qui sépare la jeunesse, aujourd'hui si courte, de la virilité, si hâtive; c'est l'instant où, après de vains efforts pour prolonger le matin de notre existence, nous le voyons décliner et mourir, et qu'avant de franchir le seuil de la vie réelle qui s'offre à nous, morne et désenchanté, nous nous arrêtons pour jeter à la destinée un cri de désespoir, pour lui dire : — Tu nous as trompés ! Gloire, vertu, amours, amitiés, dévouemens, tout n'est rien !— Alors, notre douleur est grande; toutes nos espérances sont effeuillées à nos pieds, toutes nos vanités saignent et crient, toutes les fleurs de notre printemps sont souillées et flétries sans retour. Et pourtant, nous nous étions ris de nos pères ! notre présomption s'était flattée d'échapper à la loi de tous ! nous nous étions promis de frayer des routes nouvelles ! nous nous étions moqués des prédictions des sages, et voilà qu'à notre tour nous t'appelons l'âge des illusions, jeunesse ! Cet instant, si rude pour tous, ne sonna pas dans la vie d'Albert, ou, s'il sonna, l'inépuisable tendresse d'Aurélie en amortit le coup : jamais tendresse ne fut plus ingénieuse pour consoler, plus forte pour relever, plus mâle à la fois et plus féminine, plus ferme et plus inquiète. Plusieurs fois, madame de Sommerville quitta ces campagnes pour aller voir son fils à Paris, pour juger par elle-même de ses progrès et de ses travaux, pour s'assurer en même temps si rien ne manquait à son bien-être; chacune de ses absences fut courte, mais toutes eurent des résultats heureux: Albert, en revoyant sa mère, reprenait un nouveau courage et se sentait prêt à tout faire pour celle qui faisait tout pour lui. Il m'écrivait rarement : de mon côté, j'évitais autant que possible les occasions de lui écrire ; mais je l'aimais pour lui et pour sa mère, et j'attendais du temps la sanction de notre amitié. Il s'informait de Nancy, mais sans amour : il n'en avait plus. Madame de Sommerville ne lui parlait de nous qu'avec réserve, et n'avait pas voulu qu'il fût instruit de notre réunion au château : elle avait ses desseins, sans doute. Ses soins ne se bornaient pas à veiller sur son fils, à le diriger dans la vie, à préparer son avenir, à faire de lui un homme fort et supérieur ; elle veillait aussi sur ma sœur avec une égale sollicitude, et travaillait à la parer de toutes les perfections qui manquaient à l'humble fille de ces campagnes ; une heureuse aptitude à les posséder toutes se développa rapidement chez Nancy, et je la vis grandir sous l'aile d'Aurélie en talens de tous genres. Vers le printemps je pris l'administration des intérêts de madame de Sommerville : le vieil Hubert s'en acquittait fort mal ; et d'ailleurs, son âge avancé lui donnait des droits incontestables à la retraite. Aurélie avait dans le Midi des possessions dont elle n'avait pas touché les revenus depuis plusieurs années ; elle portait dans les intérêts matériels une insouciance que je l'engageai à vaincre, sinon pour elle, du moins pour son fils ; elle sentit la justesse de mes observations, et me pria de veiller pour elle à ses affaires ; je m'en chargeai avec joie, et partis immédiatement pour le Midi, laissant au vieil Hubert l'administration de la Baraque, qu'il accepta avec la résignation d'un roi détrôné qui échange un royaume pour un village. Mon absence fut longue ; depuis six ans au moins les domaines de madame de Sommerville étaient au gaspillage ; et six mois me suffirent à peine pour faire rentrer les arriérés et rétablir l'ordre dans les possessions d'Aurélie. Je revins au bout de six mois : bien des changemens s'étaient opérés à Anzème.

Je retrouvai ma sœur plus belle et plus charmante que je ne l'avais jamais vue ; la douleur et la maladie avaient laissé sur ses traits une teinte pâle et mélancolique qui donnait à son visage un aspect plus noble et plus distingué ; sa taille s'était élancée, ses doigts avaient blanchi et s'étaient effilés ; il y avait dans son maintien et dans toutes ses poses quelque chose de lent, de souple et de gracieux, que je n'avais pas remarqué jusqu'à ce jour ; son regard, qui n'avait long-temps réfléchi que l'azur du ciel, s'était légèrement voilé ; ses cheveux tombaient, comme ceux d'Aurélie, en boucles épaisses sur ses épaules ; son front était rêveur. Elle était belle comme un ange qui aurait souffert. En même temps, son esprit s'était développé et n'avait rien perdu de sa naïveté primitive. Déjà ses mains couraient avec art sur le clavier du piano : sa voix n'avait pas beaucoup d'étendue, mais elle était suave et fraîche et ses accens allaient au cœur. Il n'y avait pas jusqu'à sa mise, qui, bien que toujours simple, ne fût plus élégante et ne révélât une innocente coquetterie. Elle avait pris à madame de Sommerville tout ce qu'il y avait en elle des grâces de la femme, sans toucher aux grâces sévères qui faisaient parfois d'Aurélie une femme des temps antiques. Aurélie était bien changée, elle aussi! Nancy, qui ne l'avait pas quittée, s'apercevait à peine de la précoce et rapide vieillesse de notre amie; moi, j'en fus effrayée. Quelque temps après notre arrivée, elle partit pour Paris et revint au bout de quinze jours ; elle nous apprit qu'Albert ne viendrait point passer les vacances à Anzème : cette résolution m'étonna peu ;

je l'avais prévue. Si ma sœur s'en affligea, elle n'en laissa rien paraître. La passion de l'étude semblait avoir éteint toute autre passion en elle. Elle employait ses journées à étudier avec Aurélie la musique et la peinture, et une grande partie de ses nuits à lire dans la bibliothèque. Elle s'échappait souvent du château pour aller voir les paysans de notre village et pour leur porter des secours et des consolations ; elle partait le soir, à la dérobée, et nul ne savait où elle allait que les malheureux et les pauvres. Elle avait établi au château, avec madame de Sommerville, une petite pharmacie où tous les malades des environs venaient ou envoyaient chercher des remèdes ; il y avait des jours où le salon ressemblait à un cabinet de consultations. Les deux amies allaient elles-mêmes visiter les affligés ; il n'y avait pas de baptême dans la commune où l'une d'elles ne fût marraine, pas de mariage où toutes les deux ne fussent conviées à la fête. Je vous parle de pauvres et de malheureux : depuis le retour d'Aurélie, il n'y en avait réellement plus au village; l'aisance avait pénétré avec elle sous tous les toits; le bonheur la suivait partout. Lorsque, le dimanche, elle arrivait avec Nancy pour entendre la messe à l'église d'Anzème, et qu'elles traversaient toutes deux la foule agenouillée pour gagner le banc qui leur était réservé, toutes les lèvres murmuraient pour elles des vœux et des bénédictions. Lorsqu'Aurélie devint plus souffrante, tout le village réuni allait prier pour elle chaque soir à l'église, et jamais prières ne montèrent au ciel plus pures et plus ardentes.

Je ne prolongerai pas le récit de cette vie paisible; il est des joies qui se devinent et qu'on ne dit pas. Il en est de certains bonheurs comme de certains paysages : si uniformes, si calmes, si peu accidentés, qu'ils échappent à l'art du peintre. Je vous dirai seulement que notre intimité fit grand scandale à Saint-Léonard, et qu'il n'est pas de turpitudes que les habitans n'aient imaginées pour salir les rapports de trois pauvres créatures qui s'aimaient et vivaient heureuses. Je ne sais rien d'odieux comme la race des petites villes ; c'est le dernier degré de pervertissement et d'abrutissement auquel puisse arriver l'homme vivant en société. Au reste, notre bonheur échappa aux atteintes de Saint-Léonard, et l'estime de quelques nobles ames qui se trouvaient éparpillées dans la ville nous vengea de la haine et du mépris de quatre mille sots.

Cependant le temps marchait et nous modifiait tous. Albert avançait à grands pas dans le chemin de la science ; il avait dépouillé ses rêveries et ses tristesses, et n'avait conservé qu'une nature mélancolique et tendre que l'étude fortifiait chaque jour. Il était parvenu à vaincre l'indolence qu'il apportait autrefois dans la vie ; les aspérités de son caractère s'effaçaient peu à peu ; il avait échangé pour une noble assurance et pour une réserve modeste sa rudesse et sa timidité. Jeune, actif, entreprenant, âpre au travail et ardent au plaisir, il promettait un homme complet. Nancy, de son côté, devenait de plus en plus belle, de plus en plus séduisante; moi, je me pétrifiais dans la réalité; je veillais aux intérêts matériels de tout ce qui m'était cher, je doublais les revenus de madame de Sommerville, j'étais maire de la commune. Aurélie vieillissait : une sombre tristesse, qu'elle cherchait à nous cacher et qu'elle cachait à son fils, semblait dessécher en elle les sources de la vie. Je l'observais avec inquiétude; les lettres d'Albert l'agitaient beaucoup; à la vue seule de leur suscription, elle était parfois saisie d'un mouvement nerveux qui ne la quittait plus le reste du jour; elle se surprenait souvent à baigner de ses larmes le papier sur lequel elle répondait à son fils. Un soir que Nancy travaillait dans sa chambre et que j'étais seul avec madame de Sommerville, elle me dit : — Je suis bien heureuse; voilà mon fils qui est en bon chemin pour devenir un homme, ma fille qui se fait charmante; ces deux enfans sont mon orgueil et ma joie. S'il fallait mourir maintenant, ce serait bien cruel! Il faut pourtant que je vous en parle : je n'ai pas eu ce courage tant que Nancy était près de nous. Nous étions là tous trois si heureux et si confians dans l'avenir ! Et puis, vous m'aimez tant, que je crains de vous affliger. Il faut pourtant que je vous dise, à vous, Maxime, combien j'ai peur. Le mal va vite, mon ami, et je ne puis me dissimuler ses progrès. Je ne sais ce que j'ai, mais je souffre horriblement ; je n'ai pas de sujets d'être triste, et je me sens absorbée par une tristesse mortelle. C'est à quoi je reconnais combien je suis malade, c'est que mon énergie m'abandonne entièrement, c'est que, pour la première fois de ma vie, je conviens avec moi-même du dépérissement de mes forces. Je suis mal, mon cher enfant ; c'est peut-être la vivacité de l'air, mais j'étouffe continuellement. Je ne peux pas faire le tour de la chambre sans défaillir, ni me tenir debout sans que les jambes me manquent. Cette faiblesse, ce malaise, cette suffocation continuelle, m'effraient plus que les vives douleurs ; j'ai vécu jusqu'ici en souffrant ; ce que j'éprouve à cette heure ressemble à la désorganisation. Je ne veux pas mourir, ne me laissez pas mourir ! Maxime, je suis lâche. O mes enfans ! avant de vous connaître, je n'étais pas peureuse ainsi. J'étais malade, j'allais me coucher; je restais là, sur le flanc, sans songer à rien ; que m'importait ? J'étais habituée à souffrir ; et souvent je n'en étais pas fâchée ; les souffrances du corps faisaient trêve à celles de l'esprit ; et puis je savais que rien n'est insipide comme de parler de ses misères aux gens qui ont bien assez des leurs. J'ai passé ainsi des années, entourée d'une telle indifférence, que j'ai compris combien notre individualité est peu de chose, combien une personne de plus ou de moins occupe peu de place en ce monde, et combien il est mesquin et sot d'être effrayé de la mort, quand personne ne se soucie de votre vie. J'avais pourtant beaucoup *d'amis* dans ce temps-là, mais je n'en avais vraiment pas un seul. Depuis, j'ai appris à la connaître, l'amitié, bonne, inquiète, chaleureuse, attentive à vous épargner le moindre tourment, désireuse de vous conserver un jour de vie. Comment ne serais-je pas heureuse d'être aimée ainsi? Comment, à cause de mon fils, à cause de vous tous, ne désirerais-je pas de vivre? Si je tombe dans des terreurs puériles, c'est que vous m'avez gâtée. Autrefois, j'avais une grande force d'esprit et un grand isolement de cœur; je ne croyais pas à l'espoir de revoir jamais mon fils, et je désirais la mort bien plutôt que je ne la craignais. Mais vous m'avez fait aimer la vie, et puisque vous me l'avez, pour ainsi dire, donnée, vous devez m'empêcher de la perdre. Je veux vivre, je me cramponne à vous; il faut que vous me conserviez quelques années encore. Sauvez-moi : je ne suis pas dans l'âge où l'on meurt; guérissez-moi, prolongez mon bonheur.

— O mon amie, lui dis-je, je voudrais pouvoir ajouter à vos jours la somme de ceux qui me restent! Mais vous vivrez, que votre courage ne se laisse point abattre; vous vivrez : vous êtes trop aimée pour mourir.

—Oui, oui, je vivrai; ah! je le veux bien, mon Dieu! Quand je me suis laissée ravager par la fatigue et le chagrin, je n'aimais pas la vie; mais à présent que je suis heureuse, maintenant que je suis aimée, je ne voudrais pas en finir si tôt. Vous dites donc que je vivrai, Maxime!

— Nous vous empêcherons bien de mourir.

— Vous me le promettez! C'est que, voyez-vous, mon enfant, le bonheur m'est arrivé trop tard, et je crains de ressembler à ces fleurs qui ploient et meurent sous la pluie dont leur calice était altéré.

Je cherchais à rassurer madame de Sommerville; Nancy mêlait ses encouragemens aux miens, et rendait avec amour à notre amie les soins qu'elle en avait reçus; mais nous ne partagions pas les espérances que nous nous efforcions de lui donner, et Aurélie ne s'abusait guère elle-même; elle se sentait décliner rapidement. Parfois des lueurs de santé, des mois de bien-être et de force nous faisaient espérer pour elle un prompt retour à la vie; mais chaque rechute la mettait plus bas. Elle nous avait expressément défendu d'instruire Albert de son état, et ma sœur et moi nous étions seuls dans le secret de son dépérissement. Elle souffrait avec une rare constance : l'égalité de son humeur ne fut pas un seul instant altérée par le mal, et elle conserva toujours la liberté de son esprit. — Pourquoi pleures-tu, chère fille? disait-elle un soir à Nancy. Aie du courage; ne mêle pas d'amertume aux derniers jours qui me restent à vivre; fais-les moi doux et sereins, berce-moi de tes caresses, endors-moi dans ton bonheur: la mort me sera douce ainsi. Mais ne pleure pas : les larmes qui se versent autour des mourans leur sont amères; lorsque je m'éteindrai dans vos bras, souriez-moi tous, mes enfans; en vous voyant heureux, mon ame partira plus joyeuse et plus légère. — Elle demeura quelques instans silencieuse, puis son visage devint sombre, et attirant Nancy vers elle : — Pleure, va, pleurons ensemble, s'écria-t-elle avec désespoir, il est bien cruel de mourir !

Arrivé à une certaine période, le mal cessa de faire des progrès, et madame de Sommerville tomba dans un état de langueur qui nous fit espérer de pouvoir la conserver long-temps encore. Cependant un jour elle me dit : — Des motifs secrets, que votre délicatesse n'a pas cherché à connaître, m'ont empêché de reconnaître légalement mon fils ; ne croyez pas, au moins, que le désir de ménager ma réputation y soit entré pour rien ; j'ai l'orgueil de me croire humiliée, lorsqu'on mesure ma destinée à la même aune que celle des femmes honnêtes qui me calomnient. S'il l'avait fallu, j'aurais tout sacrifié à mon fils, sans efforts et avec joie ; mais Albert ne l'a pas voulu. Je le reconnaîtrai par mon testament, en même temps que je lui laisserai ma fortune. Vous ne pensez pas, Maxime, que mon fils ait à se plaindre de moi ? Je mourrai tranquille, j'aurai beaucoup fait pour son bonheur : j'aurais désiré faire plus encore. Mais je m'endormirai heureuse, en songeant que je lui laisserai un trésor plus précieux que la science et la richesse ; ce trésor, c'est votre amitié, Maxime. Vous aimerez mon enfant ; vous me remplacerez auprès de lui ; vous lui parlerez de sa mère. Vous lui direz que je l'ai bien aimé ; vous le conserverez noble et pur. Je compte aussi sur l'amour de Nancy ; mais nous en parlerons plus tard.

J'engageais madame de Sommerville à repousser ces tristes idées. — Pourquoi donc? me disait-elle ; la mort m'effraie, parce qu'elle sera notre séparation sur la terre, autrement je ne la craindrais pas. J'ai mal vécu, peut-être, suivant le monde ; le monde m'a condamnée ; mais Dieu doit avoir pour nos actions d'autres poids et d'autres mesures ; j'ai foi en Dieu, parce que mon cœur est resté bon et que je lui rendrai mon ame, pure de toute intention mauvaise. Il n'y a que deux rôles à jouer ici-bas : l'obéissance et la révolte ; tous les deux sont également beaux ; j'ai choisi le second. Si je recommençais la vie, je choisirais autrement peut-être. Allez, ne vous brouillez pas avec la société ; n'accumulez pas sur votre tête la haine et le mépris des sots ; que vos amis n'aient pas besoin d'héroïsme pour vous aimer, qu'ils puissent se glorifier de vous sans cesse. Les amis nous pardonnent tout, hormis d'être perdus dans l'opinion publique, car alors la tache retombe sur eux-mêmes, et leur réputation souffre de la perte de la nôtre. Pour moi, je suis bien lasse et bien découragée d'avoir lutté et combattu ; mais, du moins, j'ai combattu noblement. J'ai lutté au grand jour ; comme vos autres femmes, je n'ai pas failli dans l'ombre, et je ne suis pas venue ensuite grimacer la vertu à la face de tous. J'en ai voulu long-temps au monde : je ne lui en veux plus ; depuis que je vous aime, j'ai oublié de haïr le genre humain. Quand je songe à vous, quand je vous rassemble en pensée dans une seule étreinte, je ne sais plus si j'ai vécu d'autres jours que ceux que vous m'avez donnés. Ma vie commence au jour où je vous ai connus. Devait-elle hélas ! ne commencer si tard que pour finir aussi tôt !

Bien du temps s'était écoulé depuis le dernier voyage de madame de Sommerville à Paris. Albert avait achevé ses études de droit. Apte à toutes les carrières, il voulut consulter sa mère avant de choisir; de son côté, Aurélie se sentant de plus en plus faible voulut revoir son fils. Il fut donc décidé entre nous que nous instruirions doucement Albert de l'état de sa mère, et que nous le rappellerions auprès d'elle. A la première lettre qui lui parla de l'indisposition d'Aurélie, il prit la poste et partit; au bout de deux jours il était à Anzème. Il descendit à la maison du sentier, et se rendit immédiatement au château. Lorsqu'il traversa le village, les paysans le regardèrent avec curiosité et ne le reconnurent pas. Il s'avança dans la garenne, et pénétra bientôt dans le salon désert. Madame de Sommerville était seule dans sa chambre à coucher, et n'attendait pas son fils avant quelques jours. Nous touchions aux premières journées d'avril; une flamme joyeuse réchauffait la chambre d'Aurélie, et les brises printanières, toutes chargées des parfums des fleurs, se glissaient par la fenêtre ouverte, et caressaient le visage de la malade. Elle était occupée à relire les dernières lettres d'Albert, lorsqu'elle sentit tout-à-coup ses mains couvertes de baisers, et elle se trouva, comme par enchantement, dans les bras de son fils.

Ce fut un instant bien doux et bien cruel à la fois pour Albert; il fut effrayé des ravages que la maladie avait exercés sur sa mère, et il se plaignit tendrement de n'en avoir pas été plus tôt instruit. Aurélie rassura son fils, s'enivra long-temps de la joie de le revoir, le pressa à plusieurs reprises sur son cœur; puis, s'arrachant tristement à ses caresses :

— J'ai depuis quelque temps au château deux amis qui seront joyeux de te voir; donne-moi ton bras, et allons les surprendre. Le bonheur m'a rendu des forces, et je sens qu'appuyée sur toi, j'irais bien loin, mon Albert.

Ils sortirent tous deux, et Aurélie dirigea son fils vers la tourelle qu'habitait Nancy; je les rencontrai sur la terrasse. Albert vint à moi, me tendit la main, et me tint long-temps embrassé; comme il s'informait de ma sœur, nous la vîmes accourir comme une gazelle, à travers les feuilles naissantes. Elle revenait du village; dès qu'elle aperçut Aurélie, qui depuis près d'un mois n'avait pas quitté sa chambre, elle courut d'abord à son amie; puis, se tournant sans embarras vers Albert, qu'elle avait bien reconnu du bout de l'allée de la garenne, mais qu'elle avait feint de ne pas voir:

— C'est vous, Monsieur, dit-elle en lui donnant sa main qu'Albert n'osa point porter à ses lèvres. Béni soit votre retour ! Nous l'attendions avec impatience; vous guérirez notre amie, n'est-ce pas? Votre présence va lui rendre la confiance et la santé qu'elle a perdues loin de vous; vous nous la conserverez; que votre amour soit plus heureux et plus habile que le nôtre : nous n'en serons pas jaloux. Voyez, Monsieur, que d'actions de grâces nous vous devons déjà! Vous êtes mieux, mon amie; vos yeux ont repris leur éclat, vos lèvres sont moins pâles. Vous avez pu sortir! Quelle joie de vous revoir ainsi!

— Oui, chère fille, dit Aurélie, je vais mieux, je vivrai; je suis trop heureuse pour mourir. Mais vous ne vous êtes pas embrassés, mes enfans! ajouta-t-elle en les attirant l'un vers l'autre.

Tous les deux hésitèrent; Nancy rougit, Albert balbutia quelques paroles que nous n'entendîmes pas; puis enfin, par un mouvement spontané, ils embrassèrent en même temps madame de Sommerville qui les tint long-temps réunis sur son sein. Aurélie voulut ensuite faire quelques pas dans la garenne; elle prit le bras de son fils, et moi celui de ma sœur; mais je ne sais comment cela se fit : nous étions à peine sortis de la terrasse que le bras de madame de Sommerville se trouvait sur le mien, et celui de Nancy sur le bras du jeune homme ; nous allions, Aurélie et moi, lentement et en silence ; Albert et Nancy marchaient devant nous. Il y a dans l'enceinte même de la garenne, dont toutes les allées sont droites et régulières, un petit bois ombreux et touffu qu'affectionnait madame de Sommerville ; les allées en sont tortueuses et pleines de mystère ; jamais le ciseau n'en a émondé les branches ; jamais le fusil du chasseur n'en a effarouché les oiseaux, qui viennent de préférence y cacher leurs nids ; le rossignol y chante la nuit ; les merles y babillent du matin au soir. Il y a, dans le rond-point du bois, un banc à demi caché dans le feuillage, sur lequel Aurélie aimait à s'asseoir ; souvent, pendant l'absence d'Albert, je l'avais trouvée sur ce banc, seule et rêveuse ; ce fut là que nous vînmes nous reposer tous les deux, pendant qu'Albert et Nancy se promenaient dans une allée voisine. Aurélie commença par me parler de son fils et de ma sœur, et finit par me demander si je ne serais pas heureux de voir ces deux jeunes gens renouer leurs amours, et s'unir.

— Pour moi, ajouta-t-elle, c'est le plus cher de mes vœux ! Le bonheur de ces enfans aura été le dernier espoir de ma vie, et je ne voudrais pas mourir sans avoir vu se réaliser cet espoir.

— Le plus cher de vos vœux, lui dis-je, sera toujours mon vœu le plus cher : mais, Madame, Albert et Nancy sont bien jeunes.

— Oui : mais, moi, je suis bien vieille, et je ne voudrais pas m'en aller sans avoir béni leur union.

— Vous la bénirez, Madame ; Dieu vous garde encore des jours heureux et de longs jours.

Madame de Sommerville secoua la tête d'un air de doute, et me dit :

— Pourquoi donc, après tout, vous effrayez-vous tant de la jeunesse d'Albert et de Nancy ?

— La jeunesse de Nancy ne m'effraie pas, mais celle d'Albert....

—Voilà bien comme vous êtes tous! interrompit-elle; selon vous un homme ne doit se marier que lorsqu'il n'a plus rien de mieux à faire. Votre cœur et vos sens sont usés; vous avez traversé toutes les impuretés du monde; vos lèvres ont bu à toutes les coupes; las et épuisés que vous êtes, il est temps d'en finir, n'est-ce pas? Vous vous creusez alors dans le mariage un lit où vous venez vous étendre, tout souillés encore et tout meurtris de vos plaisirs et de vos fatigues : et c'est toujours à quelque jeune fille, à quelque vierge aux rêves enchantés, que vous apportez les restes flétris de votre caduque jeunesse. Étonnez-vous donc ensuite si parfois notre sang s'indigne et se révolte! Appelez donc sur nos têtes la réprobation de tous, si nous cherchons à fuir les odieuses étreintes du cadavre auquel vous nous avez condamnées! Non, Maxime, non, il n'en sera pas ainsi pour ma fille; elle ne mêlera jamais ses gémissemens au long cri de douleur qui s'élève de toutes parts pour accuser et maudire la plus sainte et la plus outragée de nos institutions; elle aura un époux jeune, pur et beau comme elle. Ils vieilliront dans le même amour, et leur amour ne vieillira pas. Je les ai formés l'un pour l'autre, et je suis prête à confier la destinée d'Albert à votre sœur; aurez-vous moins de confiance en mon fils? Il est jeune, sans doute, mais il sait la vie déjà, il a souffert; il n'a pas de carrière, il est vrai : mais il suffit qu'il soit propre à les embrasser toutes; ma fortune ne l'affranchit-elle pas d'ailleurs de toute inquiétude de l'avenir? C'est la première fois, Maxime, que je m'aperçois avec joie que le hasard m'a donné la richesse.

— Vous oubliez, mon amie, que le sort nous l'a refusée. Albert est riche, et ma sœur ne l'est pas.

— Je vous jure, mon cher Maxime, que je n'y avais jamais songé, dit Aurélie en se levant. Ramenez-moi au château; il y a dans cet air que je respire je ne sais quelle verdeur enivrante, qui m'oppresse et me fatigue. Nous reprendrons plus tard cette conversation, qui m'épuise à cette heure. Nous parlons de mariage, et nous ne savons même pas si ces deux jeunes gens s'aimeront; nous disposons de leurs mains, et nous oublions qu'eux seuls ont le droit de disposer de leurs cœurs; attendons.

En cet instant, Albert et Nancy vinrent nous rejoindre, et nous regagnâmes ensemble le château. Madame de Sommerville contemplait ses deux enfans avec orgueil : tous les deux étaient son ouvrage ; c'était elle qui les avait faits ainsi. Albert marchait auprès d'elle, heureux, mais grave et préoccupé; Nancy était calme, enjouée et presque indifférente. Le jeune homme la regardait souvent à la dérobée, et son regard exprimait un étonnement mêlé d'inquiétude. Ce n'était plus la jeune fille qu'il avait connue si gauche et si timide, et qui l'avait si long-temps humilié de sa passion et de sa douleur; il la retrouvait belle, élégante et froide, parée de toutes les grâces qu'il avait aimées autrefois dans madame de Sommerville, et de tout l'éclat de la jeunesse qui l'avait d'abord attiré vers Nancy. Nancy triomphait en silence de l'espèce d'admiration qu'Albert ne cherchait pas à dissimuler, ou qu'il dissimulait fort mal; elle éprouvait une secrète joie à se venger par une froideur apparente du long oubli de l'ingrat, qui l'avait délaissée; mais elle bénissait Aurélie, elle soutenait avec amour sa marche languissante, et c'était à la mère qu'elle adressait tout haut la tendresse que son cœur murmurait tout bas au fils.

Vers le soir, Albert voulut se retirer à la maison du sentier. Madame de Sommerville ne le souffrit pas; elle avait fait préparer un appartement à son fils, et notre séjour au château donnait à Albert le droit de l'habiter, sans que le monde eût celui d'en médire. D'ailleurs, le monde pour nous n'allait guère au-delà de la barrière de la garenne, et nos têtes étaient à l'abri des foudres de Saint-Léonard. Albert resta donc avec nous, et ce fut une grande joie pour madame de Sommerville de voir réuni auprès d'elle tout ce qu'elle aimait sur la terre, une grande joie pour nous tous de nous aimer sous le même toit.

Les premiers jours qui suivirent le retour d'Albert à Anzème furent mêlés d'une contrainte que le souvenir de nos anciennes relations devait nécessairement amener, et qui céda bientôt aux efforts que nous fîmes tous pour lui échapper; chacun de nous se prêta de si bonne grâce à l'oubli du passé, qu'Albert finit par croire que cet oubli était véritable. Aux embarras de cette contrainte, qui dura quelques jours à peine, succédèrent ceux d'une réserve qui ne manque jamais de s'établir entre gens que la destinée rassemble après les avoir long-temps séparés. Il arrive alors que nous nous observons mutuellement avec défiance; nous étudions les changemens que le temps a opérés dans chacun de nous, ce qu'il nous a laissé, ce qu'il nous a ravi, ce qu'il nous a donné; nous nous examinons minutieusement les uns les autres, sous la forme nouvelle que nous avons revêtue dans l'absence : le temps nous modifie si promptement, il entraîne avec une rapidité si effrayante tout ce qu'il y a de jeune et de bon en nous, que quelques années suffisent pour faire d'une vieille amitié une connaissance d'un jour. Cette fois, la réserve que nous eûmes à subir ne fut que de courte durée, et nos observations réciproques n'amenèrent que des découvertes heureuses, et ne firent que resserrer les liens de notre intimité.

Les soins de madame de Sommerville avaient porté leurs fruits ; dirigé par sa mère, Albert avait réalisé toutes les brillantes espérances que j'avais conçues de lui lorsqu'il était parti pour la première fois, si plein de vie et de jeunesse ; madame de Sommerville avait fait ce que ma sœur et moi nous n'avions pas su faire ; elle avait accompli les promesses d'Albert ; elle avait tenu les sermens de son fils. Pour Nancy, elle pouvait dire avec le poëte d'Orient : — Je ne suis pas la rose, mais j'ai habité avec elle.

XVII

Cependant chaque jour révélait dans ces deux jeunes gens quelque séduction nouvelle, et madame de Sommerville jouissait avec moi de leur mutuel étonnement et de l'espèce de charme qui les entraînait de nouveau l'un vers l'autre. Nous aimions à voir Nancy cacher son amour sous une gravité qui déconcertait Albert, ou sous un enjouement qui le déconcertait encore plus ; à le voir, lui, craintif auprès d'elle, embarrassé, confus, et nous interrogeant parfois de son regard inquiet, comme pour nous demander si c'était bien là l'enfant dont il avait jadis négligé la tendresse. C'était à son tour de se soumettre et d'aimer en tremblant, d'attendre sa joie et son bonheur d'un mot affectueux de Nancy, d'un sourire de ses lèvres ; à son tour d'espérer et de craindre, et de se dire le soir en soupirant, lorsque la folle fille s'échappait rieuse ou sévère : — Demain elle m'aimera peut-être !

Albert, en retournant à Paris, avait cru pieusement à la douleur inconsolable et à l'éternelle passion de Nancy. Long-temps à Paris, il s'était accusé avec amertume d'avoir détruit le bonheur de ma sœur, et plus d'une fois, passant du repentir à l'enthousiasme de la vertu, il s'était promis de réparer ses fautes et de sacrifier le reste de ses jours à relever l'existence qu'il avait si cruellement brisée. Mais le sacrifice avait fini par lui sembler au-dessus de ses forces ; instruit, élégant et beau, il ne pouvait guère épouser une petite campagnarde qu'il avait aimée par pur enfantillage, et dont l'image, qui lui apparaissait encore dans toute la simplicité de sa gaucherie primitive, le faisait presque rougir de ses premières amours. C'eût été vraiment bien la peine d'aller à Paris se former aux belles manières, pâlir durant trois années sur la science, et ravir au travail les secrets du talent, pour rapporter tous ces trésors à une paysane de la Creuse ! Albert recula devant un pareil héroïsme, et lorsqu'il quitta Paris pour revenir à Anzème, il se promit bien d'être fort contre les larmes de Nancy, et d'échapper promptement aux importunités de douleur et d'amour que lui réservait la Baraque.

Son désappointement fut grand, lorsqu'au lieu de la villageoise d'Anzème, niaise et timide, sans esprit et sans art, il retrouva Nancy, telle que l'avait faite Aurélie, et profonde fut son humiliation en voyant que la pauvre victime qu'il avait laissée inconsolable, et qui devait le poursuivre au retour d'un éternel amour et d'une éternelle douleur, était parfaitement consolée et semblait avoir à peine conservé quelque souvenir des anciens jours. Dès-lors les rôles furent intervertis, et Nancy prit plaisir à rendre à son ami une partie des maux qu'autrefois elle en avait reçus, sachant bien qu'elle portait dans son cœur le remède qui devait les guérir.

Un mois après l'arrivée d'Albert, nous résolûmes un pélerinage à la Baraque. Madame de Sommerville allait mieux, nous le pensions du moins ; nous prenions pour le retour de ses forces une excitation nerveuse qui ne la quittait plus, et qui l'abusait elle-même ; l'exaltation fébrile qui se manifestait dans tous ses mouvemens, dans toutes ses paroles, et parfois jusque dans son regard, nous faisait croire à sa santé. Elle voulut nous accompagner, nous partîmes ensemble, le soir du premier mai. C'était l'anniversaire du jour où Albert et Nancy s'étaient vus pour la première fois. Nous retrouvâmes tous avec émotion le coin de terre où chacun de nous avait subi sa part de douleur : madame de Sommerville n'osa point pénétrer dans la chambre où, par une nuit d'hiver, elle avait veillé Nancy; Nancy revit tout avec joie : l'aspect des lieux où nous avons souffert est doux à notre bonheur. La cruelle enfant promenait Albert partout où ils avaient semé le souvenir de leurs jeunes amours ; elle allait près de lui, insoucieuse et folle, dans les sentiers qu'ils avaient autrefois parcourus tous les deux, rêveurs, et murmurant dans l'ombre des paroles qu'ils n'entendaient pas, mais qui les faisaient bien heureux. Albert essaya vainement de rappeler ces jours qui n'étaient plus ; Nancy lui échappait sans cesse, brisant brusquement la conversation d'Albert, aussitôt qu'elle menaçait de devenir trop tendre; s'arrêtant pour cueillir une fleur, revenant gravement auprès de son ami pour entamer une discussion qu'elle interrompait elle-même, et le conduisant, en riant de sa tristesse, dans les lieux où si longtemps elle avait été triste par lui.

J'étais resté près de madame de Sommerville, dans la salle du rez-de-chaussée; il y eut un instant où ces deux jeunes gens se promenèrent lentement dans l'allée du verger qui s'étend sous la fenêtre près de laquelle nous étions assis, et nous entendîmes Albert qui disait à ma sœur :

— Il y a cinq ans, à pareil jour, que je vous ai vue ici pour la première fois, Mademoiselle. Ne l'avez-vous pas oublié? Ce jour et ces lieux ne vous disent-ils rien? Il y a pour moi dans l'air je ne sais quels bruits du feuillage et quelles émanations des plantes qui me racontent toute une vie de bonheur et d'enchantemens.

— Croyez-vous, Monsieur, répondit nonchalamment Nancy, que nous nous soyons connus dans la saison des fleurs? J'avais toujours imaginé que nous nous étions vus pour la première fois vers une fin d'automne. Aimez-vous l'automne, Monsieur?

— Mademoiselle, le retour de chaque saison réveille en nous des souvenirs plus ou moins doux, plus ou moins amers; on dirait que chacune d'elles reflète le bonheur auquel elle a présidé, et qu'elle en conserve éternellement l'image. Aux uns, l'automne rappelle de délicieuses amours; les harmonies du vent dans les feuilles desséchées leur arrivent comme un écho des félicités lointaines; les coteaux de vignes jaunissantes se parent pour eux de mille teintes qui semblent empruntées aux joies dont ils ont protégé le mystère : ceux-là préfèrent l'automne. Les autres ont vu luire leurs plus beaux jours sous le ciel brumeux de l'hiver; la neige éblouissante aura pour eux des aspects plus charmans que l'aubépine embaumée et les églantiers en fleurs. Moi, Mademoiselle, je préfère le printemps.

— Et moi l'automne, dit Nancy avec indifférence.

— C'est peut-être qu'à la chute des feuilles vous vous rappelez plus vivement mes crimes et vos douleurs? demanda tristement Albert.

— Vos crimes! s'écria Nancy en riant; vous m'effrayez, Monsieur; qu'avez-vous donc fait?

— J'ai été bien cruel envers vous, Mademoiselle...

— Cruel, Monsieur! que dites-vous donc là? Je vous ai toujours connu excellent pour moi, qui n'étais qu'un enfant alors. Auriez-vous encore des remords de cette couvée de perdreaux que vos deux chiens m'ont dévorée? Vos chiens étaient des barbares, Monsieur; mais vous, je me rappelle que vous avez presque pleuré de mon chagrin.

— Est-ce donc là tout ce que vous vous rappelez des maux que vous avez endurés? Vous êtes bien indulgente, Mademoiselle; mais votre indulgence est bien cruelle. J'aimerais mieux votre colère : le pardon est plus doux que l'oubli.

— Entendez le rossignol qui chante sous la

feuillée, dit Nancy ; savez-vous une lyre de poëte qui ait des cordes plus divines, de plus mélodieuses tristesses ?

— Il est des chants plus doux, des accens plus aimés, répondit le jeune homme.

— Oui, dit la jeune fille ; c'est la voix de votre mère.

Ils s'éloignèrent, et nous n'entendîmes plus que le sable de l'allée qui criait sous leurs pas.

Madame de Sommerville resta silencieuse ; elle était accoudée sur l'appui de la fenêtre, et sa tête reposait sur l'une de ses mains. Je la regardai un instant à la clarté mourante du crépuscule, et je fus frappé de la contraction de son visage ; ses narines gonflées et ses lèvres tremblantes exprimaient quelque chose de douloureux et d'amer.

— Vous êtes triste, mon amie ? lui dis-je, en appuyant doucement ma main sur son épaule.

— Triste ! s'écria-t-elle, en se retournant avec un mouvement de terreur. Pourquoi donc serais-je triste? ajouta-t-elle avec calme ; mon ami, je n'ai jamais été plus heureuse.

En effet, le reste de la journée, elle se montra d'une humeur douce et enjouée, et jamais Albert et Nancy ne l'avaient vue plus aimable et plus tendre.

Son cœur n'avait point changé ; mais depuis le retour de son fils, son caractère était devenu inégal, et parfois sceptique et railleur; il y avait à longs intervalles, dans sa conduite, des bizarreries qui affligeaient Albert, des distractions qui nous inquiétaient tous. Je me rappelle qu'un soir, nous étions réunis tous les quatre dans le salon, tous les quatre silencieux. Le soleil venait de se cacher derrière les montagnes bleues de la Creuse; madame de Sommerville était près de moi, Albert près de Nancy, tous les deux absorbés par une même pensée; Nancy avait abandonné sa main au jeune homme, qui la tenait toute tremblante dans la sienne; il regardait ma sœur avec ivresse, et les yeux de ma sœur renvoyaient à Aurélie l'amour dont rayonnaient ceux d'Albert. Ils étaient si beaux tous les deux de jeunesse, d'amour et de bonheur, que je restai long-temps à les contempler, et que j'appelai sur eux le regard de madame de Sommerville. Mais son regard ne me répondit pas ; sa figure était sombre, son front plissé, sa respiration forte et brève, ses mains convulsivement pressées l'une par l'autre.

— Mon amie, vous souffrez, m'écriai-je avec effroi.

— Horriblement, dit-elle.

Albert et Nancy accoururent aussitôt auprès d'elle.

— Qu'est-ce donc, mes enfans ? demanda Aurélie d'un air égaré, comme si on l'eût arrachée à quelque rêve pénible. Ce n'est rien ; mais on étouffe ici ; Maxime, ouvrez donc la fenêtre.

Je ne sais pourquoi je feignis d'ouvrir la croisée, sans faire remarquer qu'elle n'avait pas cessé, depuis la matinée, d'être toute grande ouverte.

— A la bonne heure ! dit Aurélie, on respire.

Albert, ma sœur et moi, nous échangeâmes un regard triste et furtif, et chacun de nous garda pour soi l'amertume de ses réflexions. Un jour, pourtant, je me hasardai à questionner madame de Sommerville sur cet état qui nous alarmait tous.

— Mon amie, lui dis-je, votre bonheur manque seul au nôtre. Pourquoi n'êtes-vous pas heureuse ? Tout ne sourit-il pas à vos vœux ? La vie et la santé vous sont revenues avec Albert ; jamais femme ne fut entourée plus que vous d'amour et de respect, et la tendresse de vos enfans vous prépare un long avenir de beaux jours. Pourquoi donc cette sombre tristesse où vous vous plongez parfois ? Auriez-vous des douleurs que vous cachez à ceux qui vous aiment ?

—Ces douleurs sont dans le passé, me dit-elle; ce ne sont plus que des souvenirs pour moi, mais ils sont lugubres et déchirans, et du sein de mon bonheur présent, je ne puis les regarder sans émotion. C'est comme la représentation d'un drame qui vous fait pleurer, bien qu'il y ait un rideau entre ce monde de chimères et le monde réel d'où vous le contemplez. Ce rideau tombé, l'illusion est détruite, mais l'impression reste saignante, et vous poursuit long-temps après que vous avez quitté le théâtre. C'est la disposition où je me trouve parfois encore. Il faut me pardonner, mes amis, d'avoir vécu avant de vous connaître.

— Vous m'aviez si bien dit que votre vie ne commençait qu'à nous!

— Je voulais parler de mon bonheur, Maxime, et c'est précisément ce bonheur qui me met souvent dans une sorte d'irritation contre le passé; j'insulte alors mes souvenirs, et je demande à ma destinée pourquoi elle a été si rude et si misérable pendant les plus belles années de ma vie; pourquoi, lorsque j'avais vingt ans, la beauté que j'ai perdue, la sérénité de mon cœur simple et confiant, et cet amour de l'humanité qui ne peut subsister avec l'expérience; pourquoi, lorsque j'étais faite pour être aimée, je ne vous ai pas rencontrés, mes enfans? J'étais plus digne alors de vos ames ardentes. Au lieu de cela, j'ai gaspillé mes affections entre des êtres faux ou froids, j'ai perdu ma jeunesse à courir de déceptions en déceptions, et maintenant me voilà vieille, flétrie, brisée, au milieu d'amis généreux et dévoués, sur l'ame neuve et grande desquels je laisse quelquefois tomber mon froid scepticisme et ma raison glacée. Qui me rendra ces jours où je faisais le bien avec tant de plaisir, où tous les dévouemens m'étaient si faciles, où mon cœur s'offrait si vaillamment à tous les grands sacrifices? Où retrouverai-je cette humeur égale et douce qui répandait la joie autour de moi, et ce parfum de bonheur qui me suivait partout? Ah! quelle que je sois à cette heure, ne m'abandonnez pas, vous autres; aimez-moi, restez-moi fidèles, aidez-moi à achever mon voyage sur cette terre aride où j'aurai traîné une si longue, une si déplorable fatalité.

— Est-il bien vrai, du moins, que vous n'ayez pas dans le présent quelque sujet d'affliction réelle? Est-ce le passé seul qui pèse sur vous et vous oppresse? O mon amie, ne me trompez-vous pas?

— Non, Maxime, non; ayez foi en moi. Comment ne serais-je pas heureuse? Ma seule affliction, c'est qu'il me faudra bientôt quitter tout ce bonheur. Oh! mon ami, vous avez beau dire, je ne m'abuse plus; le mal va vite, et chaque jour emporte un débri de moi-même. J'ai pu croire un instant à la vie, mais vous verrez que toutes ces belles espérances de force et de santé me joueront quelque mauvais tour. N'est-ce pas près de s'éteindre, que la lampe jette son éclat le plus vif? C'est ainsi, du moins, que disent vos poëtes.

Je cherchais à lui prodiguer des consolations et des encouragemens dont nous ne fûmes dupes ni l'un ni l'autre.

— La mort ne m'effraie pas, me dit-elle, parce qu'elle ne me surprendra point ; je la vois venir, je l'attends. Seulement, vous le savez, Maxime, je ne veux pas quitter cette terre sans y laisser mes enfans heureux et unis ; c'est mon dernier vœu, c'est le dernier bonheur que j'attende ici-bas.

— Mon amie, répondis-je, votre volonté fera la mienne.

— Oui, dit-elle avec un mélancolique sourire, la volonté des mourans ! Eh bien ! lorsqu'il en sera temps, je vous avertirai, Maxime.

XVIII

Nancy ne fit pas sa vengeance bien rude et bien longue, et le martyre de son ami ne se prolongea pas au-delà de quelques semaines. Ils s'aimèrent, et leur bonheur n'eut pas à redouter le passé, parce que tous les deux s'étaient en même temps régénérés aux mêmes sources, et qu'ils n'avaient gardé des anciens jours qu'un souvenir qui leur faisait le présent plus doux et plus cher; ce ne furent pas des amours renouées, mais de nouvelles amours.

— Il me semble, disait Albert, que notre connaissance a commencé sur la terre, et qu'elle s'achève dans les cieux.

Ainsi, ce malheureux jeune homme était destiné à rêver le bonheur et à goûter l'amour auprès du lit d'une mourante. C'était au chevet de ma sœur délaissée qu'il avait aimé Aurélie; ce fut à côté de sa mère expirante que se ralluma sa passion pour Nancy. Mais cette fois il put se livrer sans anxiété et sans remords à l'ivresse de sa passion nouvelle; nous nous montrâmes, madame de Sommerville et moi, elle si habile et moi si discret, que ces deux jeunes gens ignorèrent toujours le mal qui minait sourdement leur mère, et qu'abusé par l'éclat d'une santé factice, ils la crurent tous les deux ressuscitée avec leurs amours. Il fallait être en effet comme moi dans le secret de la maladie qui ravageait lentement madame de Sommerville, pour ne pas avoir foi aux longs jours que nous lui promettions ; elle dissimulait son dépérissement avec tant d'art et de sollicitude, l'énergie de son ame infatigable suppléait si heureusement à l'anéantissement de ses forces, elle était si attentive à épargner à ses enfans l'inquiétude la plus légère, à conserver dans toute sa pureté la transparence et l'azur de leur ciel, qu'elle semblait reprendre à la vie à mesure qu'elle penchait vers la tombe. Il eût fallu rajeunir pour elle la comparaison du chêne frappé de la foudre, qui cache son tronc décrépit et ruiné sous la jeunesse trompeuse de son feuillage. Toutefois, elle ne reprit jamais l'égalité d'humeur que nous lui avions connue ; elle demeura bizarre, capricieuse et fantasque, passant parfois avec Albert et Nancy d'une tendresse expansive à une brusquerie inexplicable ; s'abandonnant avec délices aux baisers d'Albert, puis s'y dérobant soudain ; cherchant et fuyant ses caresses ; craintive avec son fils dans la solitude et dans l'ombre; tremblant à son tour près de lui comme autrefois il avait tremblé près d'elle.

Aussitôt qu'Albert eut obtenu l'aveu des sentimens de Nancy, il se fit un devoir de déclarer leur mutuel amour à sa mère ainsi qu'à moi ; sa déclaration fut touchante et pleine de noblesse. Il commença par bénir sa mère du trésor qu'en son absence elle lui avait réservé ; puis, se tournant vers moi, il me demanda si je voulais lui rendre le nom de frère auquel il avait renoncé alors qu'il en était indigne, mais qu'il croyait mériter désormais, s'engageant à vouer son existence tout entière à la réparation d'une erreur dont il avait été la première victime.

— J'ai été bien coupable, ajouta-t-il, mais je me présente à vous, absous par l'amour de votre sœur, et dans la foi que votre amitié ne sera pas moins miséricordieuse.

— Mon ami, lui dis-je en l'embrassant, je n'ai rien à vous pardonner, et n'aurai jamais de désir plus ardent que celui de votre bonheur et du bonheur de Nancy. Je suis prêt à vous confier l'un à l'autre ; mais il est ici une autre volonté à qui la mienne a cédé depuis longtemps l'exercice de ses droits les plus chers.

Alors Albert, s'adressant de nouveau à madame de Sommerville, lui exprima avec entraînement son amour pour Nancy ; il lui peignit avec feu les chastes ardeurs qui le consumaient, il trouva dans son cœur des expressions brûlantes pour en révéler la flamme ; ses yeux s'animèrent avec sa parole : sa parole devint éloquente ; la passion s'échappa d'abord fougueuse et pure de ses lèvres, puis elle s'appaisa et se mit suppliante aux pieds d'Aurélie, attendant avec respect la sanction de ses transports et de ses espérances.

Aurélie, en écoutant son fils, était tombée dans la méditation ; lorsqu'il eut achevé, elle le regarda long-temps avec tristesse : puis elle le pressa sur son sein.

— Tu es beau, lui dit-elle, et ta voix est

douce, mon enfant bien-aimé; tes paroles m'ont bercée mollement comme une mélodie des rêves de mon jeune âge; elles m'ont apporté je ne sais quels souvenirs d'un bonheur que pourtant je n'ai jamais connu. Oui, mon fils, aimez Nancy, votre mère bénit votre amour.

A ces mots, elle versa des larmes abondantes.

— Croiriez-vous, Maxime, dit-elle en se tournant vers moi, que nous sommes jalouses de nos enfans, qu'ils ne nous échappent pas sans que notre ame ne se reploie douloureusement sur elle-même? Oh! nos enfans, mon ami! nous voudrions les porter dans notre amour comme autrefois nous les avons portés dans nos flancs, tout entiers à nous seuls; nous voudrions tenir tout leur cœur dans le nôtre, comme un grain de sable en notre main. On a beau prévoir l'instant où leur ame avide appellera d'autres tendresses, cet instant nous trouve toujours sans forces et sans courage.

Vous savez si j'ai ardemment souhaité l'union d'Albert et de Nancy ; eh bien ! voilà que je pleure, Maxime !

— Oh ! vous savez bien, s'écria le jeune homme en essuyant de ses baisers les larmes de sa mère, qu'il n'est pas une parcelle de mon cœur qui ne vous appartienne ; vous savez bien que toutes mes affections se rattachent à mon amour pour vous, comme tous les rayons de lumière au soleil. Nancy n'est-elle pas l'épouse que vous m'avez choisie ? N'est-ce pas vous que je glorifie dans mon orgueil, que je bénis dans mon bonheur ? N'est-ce pas vous que j'aime et que j'adore dans la céleste créature que vous avez formée à votre image ?

— Oui, cher fils, dit Aurélie, oui, je sais que tu me resteras toujours. Où trouverais-tu une affection plus sûre et plus dévouée que la mienne ? Va, porte à ta jeune fiancée les bénédictions de ta mère. Aimez-vous, ne vous hâtez pas ; prolongez long-temps encore vos jours d'amour et de jeunesse, et reposez-vous sur

Maxime et sur moi du soin d'arranger votre bonheur.

Un mois après la déclaration d'Albert, les intérêts de madame de Sommerville m'appelèrent de nouveau dans le Midi. Je partis plein d'une confiance et d'une sécurité que les lettres d'Albert et de Nancy fortifièrent de jour en jour, et je commençais à croire que notre amie m'avait exagéré ses terreurs, ou qu'elle s'était exagéré son mal à elle-même, lorsqu'au bout de trois semaines d'absence, je reçus sous enveloppe, au timbre de Saint-Léonard, un billet ainsi conçu :

« Maxime,

» Prenez la poste et venez. Le temps est arrivé de marier votre sœur et mon fils.

» AURÉLIE. »

Ces deux lignes voulaient dire pour moi : — L'heure va sonner. Hâtez-vous, avant que je meure.

XIX

Mon retour fut rapide. Je trouvai madame de Sommerville assise sur ce divan, entre son fils et Nancy. Elle voulut se lever pour me recevoir, mais sa grande faiblesse ne le lui permit pas. Elle était extrêmement languissante, mais toujours calme et sereine; elle avait jusqu'au dernier jour dissimulé à ses enfans l'anéantissement de ses forces, et tous les deux, tristes de l'état de leur mère, ne songeaient point encore à s'en effrayer. Nancy l'avait vue tant de fois se pencher pour mourir, puis relever son front couronné d'une vie nouvelle, qu'elle rassurait hardiment l'inquiétude d'Albert, et qu'elle lui promettait sans hésiter le prompt rétablissement d'Aurélie. Lorsque j'entrai, le regard éteint de madame de Sommerville s'anima un instant pour me faire comprendre qu'Albert et ma sœur n'étaient instruits de rien, et pour me supplier de leur ménager ma douleur et mon effroi. J'imaginai un prétexte plausible à mon retour précipité, et l'un et l'autre ne pensèrent qu'à s'en réjouir. Madame de Sommerville resta toute la journée étendue sur ce divan, parlant peu, mais se plaisant à nous entendre, tombant parfois dans un abattement taciturne, mais se réveillant bientôt pour nous sourire. Elle se fit lire par son fils les poëtes qu'elle aimait, ceux-là surtout dont la voix ranime et console : hommes divins qui chantent les merveilles du ciel à la terre, et qui portent à Dieu nos larmes et nos espérances. Lorsqu'il fut l'heure de se retirer, Aurélie refusa les soins de sa fille, et voulut rester seule avec moi; Albert et Nancy s'éloignèrent; je demeurai seul auprès d'Aurélie.

Nous fûmes près d'une heure sans oser échanger une parole, un geste, un regard. Madame de Sommerville avait fini par s'assoupir; sa respiration était si faible que je ne l'entendais pas, et la voyant couchée sur ce divan, vêtue d'une robe blanche, pâle, livide et sans mouvement, je m'approchai plus d'une fois avec terreur pour m'assurer que je ne veillais pas un cadavre. Sortant enfin de l'état de somnolence où elle était plongée, ses yeux se tournèrent vers moi avec une vague préoccupation, et je vis sa main qui cherchait la mienne : je m'en emparai, je la couvris de mes pleurs, et regardant l'infortunée avec désespoir :

— Eh bien! mon amie, lui dis-je, il est donc vrai!...

Elle ne me répondit que par un signe de tête affirmatif, et son regard en même temps exprima une sombre joie. Je cachai mon front dans mes mains, et je ne pus étouffer mes sanglots.

— Vous aviez si bien promis, dit-elle enfin sans amertume, de ne pas me laisser mourir!

— Ah! cruelle, m'écriai-je, c'est vous qui repoussez la vie! Vous êtes joyeuse de nous quitter.

— Non, Maxime, non. Quand même le Dieu en qui j'espère placerait mon ame dans le plus beau de ses soleils, dans la plus radieuse de ses créations, je regretterais encore cette pauvre planète où vous m'avez fait goûter des affections si pures. Si vous me voyez soumise et résignée, c'est que je n'ai plus même l'énergie de la résistance; si je ne pleure pas avec vous, c'est que vingt années de désolations ont tari dans mes yeux la source des larmes. Joyeuse de vous quitter, Maxime!... Vous ne pensez pas ce que vous dites.

— Mais, Madame, ne vous exagérez-vous pas votre mal? Avez-vous consulté les médecins de Saint-Léonard?

— Mon ami, dit-elle en souriant, la médecine n'a rien à faire ici. Quant au mal qui me ronge, il est à son dernier période, vous pouvez me croire. La mort m'a envahie lentement, par degrés; je sens son œuvre qui s'achève. Maintenant, j'ai besoin de vous.

— Ah! Madame, m'écriai-je, vous faut-il mon sang! Parlez.

— Je compte sur vous d'abord pour préparer ces enfans au coup qui va les frapper. Moi, je n'en ai pas la force. Ils sont là près de moi, si heureux, si paisibles; ils me mêlent avec tant de confiance à tous leurs projets de félicité; leur amour place sur ma tête tant de riantes espérances; ils rêvent à mon existence qui s'éteint des jours si longs, de si beaux jours,

23*

que je n'ose pas les avertir qu'ils jouent autour de la fosse où je vais bientôt descendre. Soyez plus fort que moi, Maxime ; ayez le courage de leur apprendre qu'il nous faudra bientôt nous séparer ; c'est un message bien cruel ; mais il serait plus cruel encore de ne pas prévenir ces enfans du malheur qui les menace. Dites à ces êtres chéris que mourir est la commune loi ; qu'aujourd'hui ou demain, n'importe ! que chaque période de notre vie est marquée par une catastrophe, qu'il nous faut ici-bas subir notre destinée ; enfin tout ce que la pitié a imaginé pour consoler les mourans et ceux qui leur survivent ! Pas vrai, Maxime, que vous aurez ce courage ?

— Oui, Madame, lui dis-je, je l'aurai.

— Vous leur direz aussi de m'épargner leur douleur, n'est-ce pas ? Je suis trop faible pour pouvoir y résister ; toute force et toute énergie se sont retirées de moi. Qu'est-ce donc que notre ame, Maxime, ce souffle éthéré qui prétend à l'immortalité et qui s'affaisse et se dégrade avec la misérable matière?

— Oh! Madame, lui dis-je, ce n'est pas à la vôtre de douter de sa divine essence.

— Dieu m'est témoin que je n'en ai jamais douté; j'ai trop souffert en cette vie pour ne pas espérer en une vie meilleure. Dites donc aussi à ces enfans que du haut de ce monde vers lequel je vais bientôt monter, je veillerai sur eux sans cesse, et qu'au milieu des célestes régions mon ame aura pour eux encore des larmes de regret et des sourires de tendresse. Vous leur direz tout cela, Maxime; vous les consolerez: moi, je ne le saurais pas.

— Je les consolerai, oui, Madame, répondis-je d'une voix étouffée.

— Cher! bien cher ami! s'écria-t-elle, vous me regretterez donc, vous aussi!

— O Madame! ô mon amie! ô ma sœur! disais-je, serait-il vrai que vous alliez mourir!.

— Allons, remettez-vous ; soyez fort. Maintenant, je suis plus tranquille. En votre absence j'ai consulté un homme de loi ; ma fortune entière est assurée à mon fils ; j'ai préparé son mariage avec Nancy ; les premiers bans sont publiés ; encore quelques heures de vie, et j'assisterai à l'union de mes enfans ; mes derniers jours feront envie aux plus beaux jours de ma jeunesse. Il me sera bien doux d'emporter avec moi l'image du bonheur d'Albert et de Nancy ; il me sera doux surtout de partir avec la pensée consolante que je vous laisserai auprès d'eux. Je compte beaucoup sur vous, Maxime ; c'est à vous que je lègue les devoirs et les obligations auxquels la mort seule pouvait me dérober ; vous achèverez ce que j'ai commencé. Vous me le promettez, mon ami ?

— Je vous le jure.

— J'ai foi en vous. Vous aimerez mon fils ; quoi qu'il arrive, vous lui resterez. Il est jeune, le monde lui garde bien des occasions de chute et de défaite. Qui n'a pas failli une fois dans cette longue et terrible lutte ? Qui s'est retiré de cette lice infernale aussi pur qu'il y était entré? Quoi que fasse mon fils, vous ne lui manquerez pas; vous ne mesurerez jamais votre amitié pour lui qu'à celle qu'il aura pour vous. C'est la sottise et la vanité qui ont imposé l'estime à l'amitié, comme condition d'existence : nous devons aimer ceux qui nous aiment malgré leurs torts et leurs égaremens. Une affection dévouée est-elle donc chose si commune ici-bas, qu'il faille lui faire subir le souffle capricieux de notre sublime justice? Fort ou faible, timide ou vaillant, aimez mon fils tant qu'il vous aimera. N'imitez pas ces amis austères, qui, après s'être assis long-temps au banquet de vos félicités, se lèvent lâchement, aussitôt que leur superbe orgueil a cru voir pâlir votre vertu, et s'en vont, esprits intolérans comme tout ce qui n'a ni lutté ni souffert, vous méconnaître et vous renier avant que le coq ait chanté trois fois. Ne faites pas comme eux, Maxime; tout fiers de leur vertu d'un jour, ils rougissent pour eux quand on vous diffame; c'est pour eux qu'ils souffrent de la calomnie qui vous frappe ; n'osant se vanter de votre amitié, ils vous délaissent au jour où vous les implorez, ils vous retirent leur manteau, quand ils devraient vous en couvrir, et vous ferment impitoyablement leur bonheur, après avoir partagé le vôtre. Ces amis-là m'ont fait bien du mal !

Après s'être un instant animée, madame de Sommerville retomba dans cette espèce d'assoupissement qui succède toujours aux crises un peu fortes. La nuit était froide, et craignant pour elle la fraîcheur de ce salon, je la réveillai doucement et l'engageai à se retirer.

— Non, me dit-elle, je resterai étendue sur ce divan ; je suis bien, vous pouvez me laisser. Adieu, murmura-t-elle ; qu'à vous tous, mes amis, la vie soit belle et bonne, et que Dieu vous préserve d'en toucher jamais le fond !

Suivant le désir de madame de Sommerville, j'amenai peu à peu Albert et Nancy à recevoir le coup funeste que je leur préparais. Tous les deux furent attérés, et moi qui devais

les consoler, je ne sus que gémir avec eux.
L'union qui leur souriait, et que, la veille encore, ils appelaient avec impatience, ne leur apparut plus que comme une cérémonie funéraire à laquelle ils ne consentirent que par respect pour les dernières volontés de leur mère. Il fut bien convenu entre nous que nous épargnerions à Aurélie le spectacle de notre douleur; mais lorsqu'après cette révélation fatale nous retournâmes tous les trois vers elle, la douleur fut plus forte que nous, et nous nous prîmes tous à éclater en sanglots.

Ici, Maxime s'interrompit un instant, et, après s'être recueilli, il acheva en ces termes cette longue et lamentable histoire :

Le premier jour d'octobre, au dernier automne, le soleil se leva dans un ciel mélancolique et doux. Dès le matin, tout le village avait pris ses habits de fête et s'était rassemblé sur la terrasse du château; les paysans de la Baraque s'étaient réunis à ceux d'Anzème, et se tenaient dans la garenne. Tous avaient le cœur serré et le visage triste. On entendait, à travers les feuilles jaunies, tinter la cloche de l'église d'Anzème; c'étaient le mariage d'Albert et de Nancy et l'agonie de madame de Sommerville qui sonnaient en même temps. A dix heures, Albert et Nancy sortirent du château; madame de Sommerville s'était fait porter près de la fenêtre pour les voir. Aussitôt qu'elle parut à la croisée ouverte, tous les regards se tournèrent vers elle, et un murmure d'étonnement et de douleur s'éleva de toutes parts. Le village se rangea sur deux haies pour laisser passer les jeunes époux; les larmes de Nancy tombaient sur son bouquet d'oranger, et tout le monde pleurait. Après la cérémonie nuptiale, des prières furent faites à haute voix pour madame de Sommerville; tous les saints et toutes les vierges du ciel furent invoqués pour elle.

De retour au château, Albert et Nancy se mirent aux genoux d'Aurélie; elle tint long-temps

leurs deux têtes pressées contre sa poitrine :
elle parlait peu, et nous étions silencieux.

— Pauvres amis, dit-elle enfin, je vous ai
fait un jour bien sombre de votre jour le plus
beau ; mais je ne voulais point partir sans avoir
accompli mon œuvre. Soyez bénis, pour vous
être soumis si docilement à la dernière fantaisie
de mon cœur. Hélas ! que n'ai-je pu vous unir
plus tôt, mes enfans ! j'aurais joui plus long-
temps de votre bonheur, et moins de tristesse,
peut-être, eût présidé à votre union. Mais je
n'ai pas osé ; j'ai voulu, avant de vous enchaîner
par des liens indissolubles, vous laisser le temps
de vous connaître ; j'ai prolongé, autant que je
l'ai pu, ma débile existence ; j'ai attendu mon
dernier jour.

— Votre dernier jour ! s'écrièrent Albert et
Nancy qui ne croyaient pas que le mal fût aussi
avancé.

— Oh !... mes derniers jours, reprit Aurélie
en souriant ; je ne suis pas près de mourir ; j'espère encore ; Dieu fera peut-être un miracle,

Je remarquai avec effroi qu'elle s'affaissait de plus en plus. Vers le milieu de la journée, elle s'étendit sur son lit, et dormit. Je posai ma main sur son cœur; j'en sentis à peine les battemens. Son pouls était si faible, que j'essayai vainement d'en saisir les pulsations : elle ne souffrait pas, elle s'éteignait.

A son réveil, madame de Sommerville fit demander le vieux curé d'Anzème : elle resta seule avec lui pendant deux heures. Vers le soir, elle consentit à prendre deux doigts de vin d'Espagne. Presque aussitôt ses yeux s'animèrent, les pommettes de ses joues se colorèrent, et son sang réchauffé circula avec plus de vitesse.

Elle était si affaiblie que quelques gouttes d'une liqueur généreuse avaient suffi pour porter une espèce d'ivresse à son cerveau malade. Son regard était vif, son geste prompt, son front illuminé, et sa voix avait retrouvé cette parole brève et hardie qu'elle jetait autrefois dans le discours comme une arme courte à deux tranchans. Elle entretint longuement Albert et Nancy des devoirs de la vie nouvelle qui dès ce jour commençait pour eux : elle le fit avec éloquence. Elle les promena par la pensée dans les sentiers nouveaux qu'ils allaient parcourir, leur montrant avec sollicitude les abîmes à éviter, et leur indiquant la route qui devait les conduire au bonheur. Elle développa de belles théories sur la science de la vie ; elle enseigna à ces jeunes gens l'égalité dans le mariage, la dignité dans les relations, l'élégance dans l'intimité, l'indulgence en toutes choses. Elle leur enseigna aussi que le bonheur est un art, et que chacun se fait lui-même la destinée qui le gouverne ; elle les engagea à porter dans l'arrangement de leur existence la prudence et l'habileté de l'artiste dans l'accomplissement de son œuvre, disant que, s'il n'était pas d'éternelles amours, il y avait des liaisons éternelles, et que la grande science consistait à entretenir sous les transports brûlans des premières tendresses, la fervente amitié qui doit réchauffer le reste de nos jours, de même que sous la flamme dévorante se cache un brasier bienfaisant. Elle parla long-temps ainsi, et son imagination exaltée lui inspirait de riches images. Elle était étendue sur son lit, les bras croisés sur sa poitrine ; sa tête reposait immobile sur l'oreiller, et sa voix qui était devenue grave, lente et majestueuse, nous frappait d'une religieuse terreur. Elle disait sans effort et sans fatigue, et ses accens étaient si purs et si sonores, que je regardais remuer ses lèvres pour m'assurer que c'était elle qui parlait. Il me semblait parfois que la vie avait quitté ce corps sans mouvement, et que ces accens étaient les derniers adieux de l'ame d'Aurélie qui planait sur nos têtes, avant de s'envoler aux régions éternelles.

Au crépuscule, elle voulut qu'on allumât toutes les bougies de la chambre, et elle demanda des fleurs. Elle avait fait ouvrir la fenêtre qui donnait sur la terrasse, et elle demeura quelques instans, accoudée sur son oreiller, la tête sur sa main, à contempler les premières étoiles qui pointaient au ciel et les teintes orangées qui s'effaçaient à l'horizon. Elle aspira à plusieurs reprises le vent du soir qui venait se jouer jusque dans les courtines de son lit, et se laissant retomber sur sa couche :

— La vie est bonne aux mourans, dit-elle.

Au même instant, nous entendîmes les sons lents et lugubres de la cloche du village, et nous vîmes passer sur la terrasse les gens du château qui se rendaient à l'église d'Anzème. Ils allaient réciter, avec le pasteur, les prières pour les agonisans.

Epuisée par les émotions qu'elle avait ressenties en ce jour, Aurélie s'endormit de nouveau, bercée par les sons de la cloche, qui lui promettaient un repos éternel. Son sommeil fut agité : le pouls était moins lent et plus accusé ; il y avait un peu de fièvre. Elle se parlait très-vivement à elle-même ; ses discours étaient incohérens ; le nom d'Albert y revenait sans cesse, et elle ne le prononçait qu'avec amour et avec désespoir.

Nous passâmes la nuit auprès d'elle.

Au matin, elle se dressa brusquement sur son séant, et elle appela son fils avec une voix déchirante. Elle l'entoura de ses bras ; ses lèvres glacées le couvrirent de baisers brûlans ; ses yeux desséchés trouvèrent encore des larmes, et un vif éclair de passion sillonna son regard éteint ; puis, tout-à-coup, apercevant Nancy qui pleurait, agenouillée au pied du lit :

— Vous rappelez-vous, lui dit-elle, cette nuit d'hiver où je vous ai veillée mourante ? Vous êtes bien vengée, ma fille !

Et repoussant doucement Albert, elle se tourna avec une pieuse résignation vers le Christ d'ivoire qui pendait à son chevet ; elle joignit ses mains avec onction, et elle prononça ces dernières paroles d'un Dieu mourant pour sauver le monde :

— Le sacrifice est consommé !

C'est ainsi qu'aux premiers feux du jour, à

l'éclat des bougies pâlissantes, au milieu des parfums des fleurs, s'éteignit dans nos bras cette femme de poésie, de force, de grâce et de beautés viriles.

XX

Il est quelque chose de plus affreux que la perte des êtres aimés, c'est de voir, lorsqu'ils ne sont plus, combien ils tenaient peu de place en notre existence, et quel petit rôle ils jouaient dans notre bonheur. Il semble qu'en mourant ils vont emporter avec eux dans la tombe la moitié de nous-mêmes, et rompre pour nous l'équilibre du monde : ils meurent, et rien n'est changé; pas un rouage ne s'est dérangé dans notre vie, pas une note ne manque à l'harmonie de la création, pas une de nos habitudes n'a été troublée par ce choc qui devait briser notre ame; le lendemain des funérailles, tout a repris son cours accoutumé. Nous devions pleurer toujours, et le premier rayon de soleil a suffi pour sécher nos larmes; nous avions promis l'éternité à nos regrets, et le premier zéphyr caressant nous distrait et nous console. Nous portions en nous un abîme de douleurs; qu'une goutte de rosée y tombe, et l'abîme est comblé. Cœur de l'homme, qu'es-tu donc? Plus mobile que la feuille du tremble, moins profond que le calice d'une fleur!

Cependant plusieurs mois s'étaient écoulés depuis le jour qui nous avait ravi madame de Sommerville, et nos regrets n'avaient rien perdu de leur désolante amertume. C'est que, si jamais existence fut nécessaire ici-bas au bonheur des êtres qui l'entouraient, ce fut, à coup sûr, l'existence adorée de cette noble créature. Mais, il faut bien le dire, la douleur d'Albert et de Nancy n'eût point échappé aux consolations du temps, et les joies de l'hymen en eussent bientôt adouci l'âpreté; le tableau de leurs félicités, bien que triste encore et voilé, eût éclairci, au bout de quelques mois, le sombre deuil de mon ame, si les dernières paroles d'Aurélie ne fussent pas restées dans nos cœurs comme une source intarissable de doutes rongeurs et d'inquiétudes dévorantes. Ces paroles mystérieuses, dont nous n'osions pénétrer le sens, réveillèrent toutes les perplexités qui s'étaient élevées en moi, lorsqu'un matin, dans le verger de la Baraque, Albert m'avait fait part de la déclaration d'Aurélie, et fixèrent, dans l'esprit de ma sœur, l'impression d'une scène lugubre, qu'elle avait repoussée long-temps comme une fantaisie des rêves de la nuit, et qui, dès-lors, devint pour elle le souvenir certain d'une réalité terrible; Albert s'interrogeait, de son côté, avec angoisse; et, chose étrange! nous éprouvions des remords, comme si nous eussions commis un crime.

Il était bien clair pour nous que madame de Sommerville avait succombé à un mal que l'art le plus habile n'aurait pas su guérir; mais quel était-il, ce mal qu'elle avait gardé comme un trésor dans son cœur, et qui ne s'était révélé à nous que par ses ravages? Morte dans la force de l'âge, à l'heure où tout l'invitait à la vie, au jour où venaient de s'accomplir ses plus chères espérances, morte adorée et vénérée de tous, alors que l'avenir ne s'offrait plus à elle que paré de riantes couleurs, et que les joies du présent allaient lui payer les larmes du passé, morte de douleur, pourtant! Qu'était-ce donc que ce sacrifice qu'elle avait offert à Dieu en expirant? Que voulaient dire ces paroles qu'elle avait adressées à ma sœur? L'infortunée était morte peut-être d'un amour mal étouffé, d'un coupable amour pour son fils!

Insensés! Au lieu d'accepter notre destinée

avec résignation , nous cherchions ardemment à en pénétrer le mystère. Le mystère fut pénétré ; mais celui d'entre nous qui le découvrit en mourut.

La douleur de Nancy était devenue tout-à-coup plus sauvage et plus rebelle. Elle fuyait les caresses d'Albert ; elle s'échappait pour aller gémir dans la solitude ; nous la trouvâmes plusieurs fois évanouie sur le tombeau de madame de Sommerville. Elle passait ses journées dans un morne désespoir, ses nuits dans un affreux délire ; le fantôme menaçant d'Aurélie la poursuivait dans tous ses rêves ; elle se jetait à genoux en lui demandant grâce, et lorsqu'Albert parvenait à la réveiller, et qu'il la pressait sur son cœur, elle jetait des cris déchirans, et le repoussait avec colère. Le jour, elle était taciturne et silencieuse. Je la surpris plusieurs fois baignant de ses pleurs un papier qu'elle cachait précipitamment dans son sein, aussitôt qu'elle m'apercevait. Je l'interrogeai souvent ; je la trouvai toujours impénétrable.

Albert et moi, nous oubliâmes nos chagrins pour ne plus nous occuper que de ceux de Nancy. Mais nous essayâmes vainement de lui porter des consolations. Effrayés de cet état, nous craignîmes que sa raison, ébranlée par le coup qu'elle avait reçu, ne finît par s'égarer, et nous résolûmes de l'enlever aux lieux dont l'aspect, lui rappelant sans cesse des souvenirs trop récens et trop cruels, ne faisait qu'exalter ses regrets et irriter son désespoir. Albert, pour la sauver, la décida à recourir aux distractions des voyages, et tout fut disposé bientôt pour leur prochain départ. Nous touchions au printemps : ils partirent. Je les accompagnai jusqu'à la frontière. Avant de nous séparer, nous nous embrassâmes, ma sœur et moi, en pleurant. Nous ne devions plus nous revoir.

J'avais confié à Albert la vie et le bonheur de Nancy ; je me chargeai de veiller pendant leur absence aux intérêts de leur fortune. La liquidation de la succession de madame de Sommerville n'était point encore achevée; j'eus le courage de revenir à Anzème pour m'occuper de ces tristes affaires, seul avec mes pensées, dans ces lieux désolés et déserts.

Albert et Nancy voyageaient en Italie; chaque semaine m'apportait de leurs nouvelles. Les lettres d'Albert me rassuraient; celles de ma sœur étaient sombres et m'inquiétaient mortellement. Bientôt celles d'Albert devinrent à leur tour alarmantes, et je vécus dans une anxiété continuelle.

Au bout de trois mois, je reçus, au timbre de Florence, un paquet sous enveloppe, renfermant deux lettres; je reconnus sur l'une d'elles l'écriture de Nancy, et je l'ouvris précipitamment; il y avait trois semaines que j'étais sans nouvelles. Cette lettre de ma sœur, protégée par un triple cachet, en contenait elle-même une autre, pareillement cachetée, sans suscription. Je lus d'abord celle de Nancy.

Ces papiers ne m'ont jamais quitté, et je puis vous les lire — ajouta Maxime, après avoir allumé une bougie qu'il déposa sur la table du piano.—Je les porte toujours là, sur mon cœur, pour y entretenir la source de mes larmes.

Florence, le.... 183...

« Mon frère,

» En te quittant, je t'ai dit dans mon cœur un éternel adieu. Je savais que la destinée ne nous réunirait plus sur la terre, et je me suis séparée de toi, joyeuse de te sauver le spectacle de mes misères. Il y avait si long-temps que tu veillais au chevet des mourans !

» Combien de mois se sont-ils écoulés depuis mon départ de la France ? En quels lieux, sur quelles rives m'a-t-on entraînée ? Je ne sais ; il me semble que je voyage depuis un siècle à travers les champs infinis de l'éternelle douleur. L'ame que le remords déchire n'a rien à attendre ici-bas ; il ne lui reste plus qu'à partir de ce monde pour aller chercher dans l'autre sa réconciliation avec Dieu.

» Ainsi ferai-je. Et pourtant je suis pure, et pourtant je suis jeune ; je suis belle, on le dit ; j'aime, je suis aimée, et mon époux me demande pourquoi je ne suis pas heureuse. Pourquoi je ne suis pas heureuse ! Oh ! mon époux, ne le demandez pas ; c'est un secret qui fait mourir.

» Entre Albert et moi, la fatalité a mis une tombe. Notre union est un sacrilège, notre bonheur serait un crime. La femme à qui nous devons tout, grâces, talens, fortune, amour, c'est nous qui l'avons tuée ; c'est de notre bonheur qu'elle est morte.

» La lettre que renferme la mienne t'expliquera les dernières paroles de notre bienfaitrice expirante : lettre fatale que m'a offerte le hasard, et qui a mis dans mon sein le poison qui me tue. Je te l'envoie, mon frère, pour que tu comprennes que j'ai dû repousser la vie, et que tu me pardonnes ma mort ; je te l'envoie dans la crainte qu'Albert n'y puise à son tour le mal qui me dévore ; je te l'envoie enfin pour que tu élèves dans ton cœur un autel à la sublime créature qui s'est immolée pour nous.

» Ah! cette femme savait aimer! Elle aimait mieux que nous, Maxime.

» Ami de mon enfance, adieu !

» NANCY. »

Je brisai le triple cachet de la lettre qui se trouvait incluse dans celle de ma sœur, et je reconnus l'écriture d'Aurélie. Madame de Sommerville, avant de mourir, avait chargé Nancy de brûler de nombreux papiers renfermés dans une cassette; celui-ci, écrit sur tous les feuillets, excita, sans doute, l'intérêt de ma sœur par quelques mots qui la frappèrent et la poussèrent à lire ces lignes, évidemment échappées à Aurélie dans une heure de tristesse et d'épanchemens solitaires. Madame de Sommerville avait donc écrit sur ces pages l'arrêt de mort de Nancy !

Anzème, le.... 183...

« La journée a été brûlante. Vers le soir, le ciel s'est chargé de nuages ; à cette heure, la foudre gronde au loin, et les éclairs blanchissent la nue. Je suis seule, je suis triste ; je voudrais pleurer. Qu'ai-je donc ?

» La grêle bat mes vitres, le vent fait claquer les ardoises du toit, le feuillage de la garenne mugit comme les vagues de la mer en fureur. J'aime ce temps ; il me rappelle cette nuit d'orage où j'allai m'asseoir toute glacée au foyer d'Albert.

» Vous étiez bien sombre, ami, et bien découragé alors! Dites, vous ai-je consolé? vous ai-je fait une belle vie? Pauvre oiseau que j'ai trouvé sans nid, vous ai-je bien réchauffé dans mon sein, vous ai-je bien préservé du vent et de la pluie? Qu'auriez-vous fait sans moi? Vous auriez bien souffert ; le monde n'eût pas cherché à vous comprendre, et peut-être son souffle impur eût-il flétri votre ame dans sa fleur.

Moi, vous ai-je fait heureux et fort? Ai-je rendu l'espérance à votre cœur désenchanté? Ai-je fait éclore en vous quelque mâle vertu, et pourrai-je me présenter à Dieu, parée de vos jeunes mérites?

» Lorsque je vous ai trouvé, vous étiez bien impatient de vivre. Vos sens s'éveillaient ; la jeunesse inquiète et turbulente vous révélait vaguement des joies inconnues jusqu'alors : vous appeliez l'amour, et vous me demandiez le bonheur. Mais étiez-vous bien sûr de le trouver en moi, ce bonheur que vous n'aviez entrevu qu'à travers les songes de votre imagination? Vieille et flétrie que j'étais, aurais-je compris toutes les délicatesses de votre ame, et la pauvreté de mes facultés n'eût-elle point humilié la richesse des vôtres? Et je t'aimais pourtant! Mon cœur n'était pas mort, et je sentais parfois la chaleur de ton sang qui passait dans le mien ; mais fière de vos transports, je craignais de ne pas les mériter assez, et à votre destinée, qui pouvait être si belle, je n'osais enchaîner une destinée maudite. J'avais tant souffert, et s'il est vrai que nous nous vengions sur ceux qui nous aiment de ceux que nous avons aimés, que de maux n'eussé-je pas amassés sur votre tête, et de quelles douleurs ne vous aurais-je point abreuvé!

» J'avais passé le temps d'aimer, et vous ne l'aviez pas atteint. J'arrivais à l'âge où déjà l'amour est impuissant; à l'âge que vous aviez alors, l'amour est encore incomplet. Ardent et pressé de vivre, vous m'eussiez demandé les ardeurs que je n'avais plus; froide et fatiguée de la vie, j'aurais cherché un appui dans la force qui vous manquait encore. Vous eussiez tourmenté mon cœur pour en faire jaillir à longs intervalles quelques pâles étincelles; j'aurais torturé votre jeunesse pour hâter sa maturité. La lassitude serait venue bien vite; bientôt la chaîne nous eût été lourde à traîner, et, long-temps avant de la briser, nous l'eussions arrosée de nos pleurs.

» Ah! j'en atteste le ciel! je n'ai pas reculé

devant la crainte des maux que votre amour me réservait peut-être. Non, ce n'était pas pour moi que je tremblais ; trempée dans la souffrance, je me serais offerte sans pâlir aux orages d'une passion nouvelle. C'était pour vous, enfant, que je voyais si frêle, si facile à ployer, pour vous, fleur d'un matin, qu'un souffle pouvait faire éclore brillante et parfumée, mais qu'un souffle trop rude pouvait faner et dessécher. Ah ! si, dans ces liaisons où nous cherchons tous le bonheur, et où nous trouvons si tôt la satiété, la destinée faisait deux parts égales, l'une des joies, l'autre des douleurs, si, moi gardant l'absinthe, et vous prenant le miel, nous eussions pu tous deux, moi vous ouvrir mes bras sans craindre de vous flétrir, et vous, aux premières lueurs du désenchantement, en sortir jeune encore, les lèvres pures d'amertume, sans maudire et sans blasphémer, je t'aurais dit : — Viens les chercher en moi, ces félicités dont tu es altéré ; prends de mon cœur ce qu'il y reste encore de jeunesse et de vie, prends ce que les années et les chagrins m'ont laissé d'éclat et de beauté; prends tout, je suis ton bien. — Et si, réveillant cette existence qui n'aspirait plus qu'au repos, vous eussiez pu en tirer pour vous un jour, une heure, un éclair de bonheur et de joie, je vous aurais béni dans mes larmes.

» Mais les choses se passent autrement. Si vous saviez, Albert, quelles teintes mornes et désolées projette sur le reste de notre vie l'amour qui a passé, comme la foudre, dans notre printemps, quelle nuit sombre il laisse dans l'ame qu'il a frappée! Je le savais, moi, et j'aurais voulu vous en convaincre pour vous éviter la peine de l'apprendre. Je savais que de tous ces amours qui, tous, ont commencé par se promettre des délices sans fin et des voluptés sans mélange, il n'en est pas un qui n'ait vécu dans l'agitation, pas un qui ait su mourir à propos, pas un qui soit mort sans convulsions et sans déchiremens. Les liaisons rompent et ne se dénouent pas : heureux encore lorsque le choc imprévu qui les brise nous meurtrit sans nous salir; heureux, lorsqu'aux affections les plus saintes et les plus ferventes ne succèdent pas la haine et le mépris; heureux, lorsqu'on peut respecter encore ce qu'on devait aimer toujours! S'aimer toujours! les vieillards en rient.

» Enfant simple et confiant, quoi! c'était sur mon sein que vous aviez rêvé l'amour! C'était dans ce cœur dévasté que le vôtre espérait s'épanouir et fleurir! C'étaient à ces sources taries qu'aspiraient vos lèvres avides! Ah! sans doute, je vous aurais bien aimé! Mais dans mes bras, enfant, n'auriez-vous jamais souffert? Interrogeant avec inquiétude les ruines de mon passé, ne vous seriez-vous jamais demandé ce que votre ame recevait de la mienne en échange de sa virginité? Pour tous vos trésors, je n'apportais, hélas! que l'expérience, fruit sans parfum et sans saveur qui pend inutile aux branches mortes de la vie. Vous l'eussiez rejeté bientôt avec dégoût, et quand même vous vous fussiez soumis à mordre à son écorce aride, qui vous dit que moi, faible femme, j'aurais osé l'approcher de vos lèvres, que mon aveugle tendresse ne vous eût pas présenté plutôt la coupe des faciles voluptés, et que, réservant pour moi seule les richesses que Dieu avait mises en vous, je ne vous eusse pas endormi dans mes bras et énervé de mes caresses? Gloire, avenir, estimes, amitiés, pour moi vous auriez sacrifié le monde, sans efforts, avec joie, je le sais; vous m'eussiez bien aimée. Vous résignant à n'être rien, ce qui se traduit, dans la société, par le déshonneur, mon amour eût été tout pour vous, et vous seriez resté près de moi, dans ces campagnes, obscur, ignoré, oubliant que vous aviez ici-bas un autre rôle à jouer que celui de vivre à mes genoux.

» Mais si je me l'étais rappelé, moi! si je m'étais prise, un jour, à rougir de votre inutilité! si, après avoir épuisé la sève de vos rameaux, après avoir exprimé les sucs de votre jeunesse, fatiguée de l'héroïsme de votre nullité, je m'étais avisée de vouloir faire de vous quelque chose! et si, vous voyant allangui par la mollesse d'un amour indulgent, — l'amour indulgent est mortel au génie — mon cœur, lassé le premier, s'était retiré de vous! Qui sait? J'étais vieille, mais le cœur est mobile. Alors, quelle affreuse destinée n'eût pas été la vôtre! Car, à vingt ans, lorsque nous aimons et que l'amour nous trahit, tout nous manque à la fois. Plus tard, vous avez, pour le remplacer, l'ambition, la gloire, la vanité, la science; l'amour, alors, n'est qu'une scène détachée de la vie; à vingt ans, il est tout; c'est la vie tout entière. On en guérit, mais les cicatrices restent; le cœur reverdit, mais ne refleurit pas.

» Et cependant, jeunesse, vous appelez l'amour! C'est le rêve de vos jours inquiets, le tourment de vos brûlantes insomnies. Vous croyez, hélas! qu'aimer est chose facile, que tous peuvent y prétendre hardiment, et vous cherchez sans défiance l'ame qui doit doubler la vôtre. Enfans que vous êtes tous, dans l'impatience qui vous dévore, vous précipitez le cours de la vie au lieu de le suivre ; consultant vos désirs plutôt que vos forces, l'ardeur de votre sang plutôt que l'énergie de votre ame, vous devancez follement les années, et presque toujours il arrive que vous êtes au-dessous de la position que vous eussiez dominée plus tard.

» Je savais tout cela ; assez long-temps j'avais sondé le monde pour en connaître les écueils, et j'avais pitié de vous lancer, si faible, sur cette mer si orageuse. Et pourtant je vous aimais, Albert ! Vous m'apparaissiez comme une vivante et gracieuse image de mon printemps évanoui ; je me disais que Dieu, dans sa justice, vous avait peut-être envoyé à moi pour me consoler du passé, pour essuyer mes yeux et vivifier mon cœur ; je me demandais si vous n'étiez pas la couronne du martyre que je recevais sur la terre ; je me demandais si je t'avais enfin rencontré, être mystérieux que nous rêvons tous, et que nul encore n'a trouvé ! Ah ! pourquoi ne m'êtes-vous pas apparu lorsque, pure et belle comme vous, je sentais mon ame ardente et mon imagination enchantée, et qu'avide de répandre ce que j'avais en moi de bonheur et d'amour, j'appelais un frère, un ami; pourquoi n'êtes-vous pas venu, lorsque je vous appelais, Albert?

» Quand le sort, par une amère dérision, nous a offerts l'un à l'autre, vous, brillant de jeunesse, moi, déjà vieille et glacée ; vous, triste, faible, délaissé, sans famille ; moi, forte, énergique, éprouvée par la fatalité, je me disais qu'à votre âge, l'amour d'une maîtresse était moins nécessaire que l'amour d'une mère ; je me disais qu'au mien la femme était plutôt mère qu'amante, et lorsque, égarée par vos transports, je me sentis près de céder, je profitai de l'erreur de vos souvenirs pour nous sauver tous les deux.

» Je savais de votre vie tout ce que vous en saviez vous-même, et vous tromper me fut bien facile.

» Vous n'êtes que l'enfant de mon cœur; votre mère est au ciel où j'irai bientôt lui parler de vous.

» Vous venez d'entrevoir ce que j'aurais fait de mon amant; vous savez ce que j'ai fait de mon fils. Une fois attachée à vous par des liens que rien ne pouvait briser, j'ai travaillé sans crainte à votre destinée; n'ayant pu vous donner le bonheur, je vous l'ai cherché. J'avais ravi votre cœur à Nancy, je le lui ai rendu ; j'avais brisé l'existence de cette enfant, je l'ai relevée, plus vivace et plus belle. Je l'ai parée pour vous de tout l'amour que j'avais, de toutes les grâces que je n'avais plus. Vous l'avez revue et vous l'avez aimée. Vous l'avez aimée bien vite, Albert! Je vous ai faits heureux; je vous ai préparé un avenir calme et honnête; j'ai expié ma vie par vos félicités : vos vertus expieront mes fautes. Ma vie, je ne saurais vous la dire; il me faudrait insulter au passé, et je ne le veux pas; j'ai enfermé dans mon cœur comme dans un tombeau mes affections éteintes; respectons la cendre des morts! De quelques douleurs qu'ils nous aient abreuvés, nous nous outrageons nous-mêmes en outrageant ceux que nous avons aimés. Mon premier égarement a flétri le reste de mon existence. J'ai quitté ma mère, mais je vous ai rendu la vôtre, et Dieu me pardonnera peut-être. »

Anzême, le.... 183 .

« Vous étiez ce soir près de moi, mes enfans. Vous étiez bien heureux. La main de Nancy était dans votre main, Albert : vous contempliez avec amour votre belle fiancée; vous vous enivriez du souffle de ses lèvres, les vôtres effleuraient en tremblant les boucles de ses cheveux. Qu'il y avait dans votre regard de bonheur, de passion, de jeunesse ! Que vous étiez beaux tous les deux ! C'est pourtant ainsi que vous m'avez aimée, Albert ! Ah ! cruel, lorsque je t'ai appelé mon fils, tu as été bien docile à te laisser convaincre ! »

Anzème, le 3o septembre.

« Mon Dieu ! laissez-moi encore un jour, afin que, comme vous, Seigneur, je ne meure qu'après avoir vidé le calice jusqu'à la lie. »

Le 1er octobre, 11 heures du matin.

« A cette heure, mon Dieu, je puis mourir. Bénissez mes enfans, faites qu'ils soient heureux, et accueillez-moi dans votre miséricorde. »

Ah ! malheureuse ! m'écriai-je, en pensant à ma sœur, c'est ton orgueil qui te perd ! Tu ne veux mourir que parce que tu as été surpassée en dévouement et en amour ! Tu n'as rien compris à ce sublime sacrifice; tu n'as pas compris qu'en l'acceptant tu pouvais t'élever jusqu'à lui; que te résigner au bonheur, c'était prier pour Aurélie, et lui donner une place au ciel ! Tu vas décompléter son œuvre ! Ah ! que n'as-tu parlé plus tôt ! que ne m'as-tu plus tôt dévoilé ce mystère? Mais je t'éclairerai, mais je te sauverai. Je rassurerai ta conscience effrayée, je calmerai l'exaltation de ton cœur; tu vivras pour moi, pour Albert! Tu vivras; il en est temps encore.

A ces mots, j'aperçus la seconde lettre que renfermait la première enveloppe, et que je n'avais point encore ouverte; je tressaillis, et une sueur froide coula de mon front. Cette lettre était d'Albert, et le cachet en était noir. Je me rassurai, cependant, en songeant qu'il portait encore le deuil de madame de Sommerville, et je parcourais les premières lignes, lorsque le roulement d'une voiture se fit entendre tout-à-coup sur la terrasse; je regardai involontairement par la fenêtre ouverte. C'était une chaise de poste, et Albert seul en descendait.

———

Ainsi, dit Maxime après un long silence, rien n'est complet dans la vie, tout manque, tout échoue. Dieu fait naître à de longs intervalles quelques grands dévouemens pour relever l'humanité; mais rarement il permet qu'un succès entier les couronne, afin de ne pas décourager les vertus obscures et modestes, les seules vertus réelles ici-bas, les seules vertus de la terre qui aient quelque parfum pour le ciel.

— Et Albert? demanda le jeune homme qui avait patiemment écouté ce récit.

— Albert ignorera toujours le secret dont ma sœur est morte. Il a parlé de se tuer, il se consolera.

FIN.

www.ingramcontent.com/pod-product-compliance
Lightning Source LLC
Chambersburg PA
CBHW071903230426
43671CB00010B/1460